그것이 사생인 것을

곽상우 수필집

세종출판사

| 작가의 말

삶의 조각들을 작은 목소리에 담아

　석양이 머뭇거리는 산마루에 올라 앉아 먼 산을 바라본다. 굴곡진 능선의 긴 자락들이 굽이굽이 살아온 인생길이다. 그 길을 따라 수많은 날들을 총총히 걸어왔다. 이제는 여분의 삶을 마무리하며 쉬엄쉬엄 쉬었다 가려는데 또 다른 길이 앞을 가로막는다. 어느 날 갑자기 운명처럼 다가선 새로운 길, 일흔여섯 늦깎이에 문학의 길로 들어설 줄은 꿈에도 몰랐다. 지금까지 살아온 삶의 조각들을 작은 목소리로 담아 보라는 운명의 여신이 내게 내린 계시였는지도 모른다.
　수필은 가슴에 맺힌 애환을 풀어주는 관조와 성찰의 문학이다. 미천한 양식으로 힘이 부치지만 삶과 자연 속에서 소재를 찾아 보편적 문장들을 채색하기에 심혈을 기울였다. 살아온 팔십년 세월의 강을 유영하며 황혼의 삶을 올곧게 조명하려고 성심을 쏟았다.

  팔순을 맞이하면서 거침없이 달려온 삶을 되돌아보며 가슴속에 남아있는 숱한 곡절과 명상들을 모아 한권의 책으로 묶는다. 한 구절 한 단락이라도 독자들의 가슴에 감흥을 일으킨다면 더없는 보람이겠다. 작품해설을 해주신 박양근 교수님께 깊은 감사를 드린다. 몽매한 나를 일으켜 세워 인문학의 문을 두드리게 하고 등단의 씨앗을 심어 준 아내에게 내 삶의 전부를 바친다.

2024년 3월
장자산 산마루에서
곽 상 우

차례

002 • 작가의 말

제1부
그것이 인생인 것을

011 • 뿌리를 찾아서
015 • 황혼의 독백
020 • 그것이 인생인 것을
024 • 추자도 애가哀歌
029 • 손편지
034 • 명찰 목걸이
038 • 지팡이 인생
042 • 각별한 이별
047 • 동창생 순아 이야기

제2부
모정의 세월

- 053 • 숙질叔姪은 동근출同根出
- 058 • 마산댁
- 063 • 금메달
- 068 • 닭서리
- 073 • 춘향골 송동 복숭아
- 077 • 겨울 왕국
- 082 • 딸바보
- 087 • 칠남매
- 093 • 모정의 세월

제3부
꽃은 피고 지고

- 101 • 칼새의 날개
- 105 • 꽃은 피고 지고
- 109 • 넌 정말 좋은 친구야
- 114 • 군중 속의 고독
- 118 • 혈육의 정
- 123 • 길들여진 영혼
- 128 • 망부송 넋이 되어
- 133 • 꿈꾸는 순간만이라도 가슴은 뛰니까
- 138 • 한 번 해병은 영원한 해병

제4부
잡초의 반란

145 • 바람의 길을 내다
149 • 잡초의 반란
154 • 관심법
159 • 크레믈린
164 • 아버지는 구두쇠
168 • 천하에 몹쓸 사람
173 • 무전여행
179 • 머슴살이

제5부
92병동

185 ● 아, 금강산
191 ● 92병동
196 ● 인향만리
201 ● 전업 주부
205 ● 낙상에서 얻은 교훈
209 ● 환자와 의사 사이
214 ● 보타니아를 돌아 사량도까지
219 ● 우리 내일 봐요

〈작품해설〉 박양근

225 ● 곽상우 삶의 심상
　　　: 뿌리와 날개로 엮은 서사

제1부
그것이 인생인 것을

그것이
인생인 것을

뿌리를 찾아서

석양이 머뭇거리는 산마루에 앉아 먼 산을 바라본다. 굴곡진 능선의 긴 자락들이 굽이굽이 살아온 인생길이다. 평탄한 길인가 하면 가파른 비탈길이 나오고 아슬아슬 절벽을 비켜나면 널따란 평원이 펼쳐지기도 한다. 꼬불꼬불 등고선, 그 길을 따라 수많은 날들을 총총하게 걸어왔다.

이제는 숨이 차다. 낡은 수레바퀴처럼 여기저기가 삐거덕거린다. 쉬엄쉬엄 쉬었다가 미련 없이 가려건만 팔부능선에 걸린 어스름 등불이 갈 길을 막아선다. 평생을 두고 저질러진 업보와 가슴에 응어리진 설움과 번뇌 그리고 못다한 사랑의 밀어를 마음에 두지 말고 탈탈 털고 가라고, 이 풍진 세상 얽히고설킨 인생사를 묻어두고 가라고. 그것은 단 한 번도 가보지 못한 새로운 길, 문학의 길이었다.

　일흔여섯 나이에 수필문학 등단은 꿈에도 생각지 못했다. 소원하지도, 모색하지도 않았으며 예행연습도 없었다. 뜻이 있는 곳에 길이 있다는 말이 무색해진다. 뜻이 없는 곳에 길이 열렸으니 때로는 뜻하지 않은 인생길을 남이 열어주는 경우도 있는가보다. 내가 가진 것을 내가 모르는데 남이 알고 끄집어 내어주는 것은 적선이다. 적선지가積善之家 필유여경必有餘慶이라 했던가. 선을 쌓으면 반드시 경사가 일어난다는 뜻을 되새기며 선생님의 적선을 받아들이기로 했다.

　무념무계획의 은퇴생활이 몸과 마음을 파괴시키고 있던 차에 우연한 기회로 인문학 선생님을 만났다. 어느 날 강의를 마친 선생님이 느닷없이 수필을 써 보라고 종용을 한다. 무심코 올린 단톡방의 댓글들이 선생님의 마음을 건드렸나보다. 잔잔했던 마음에 파도가 인다.

　운명적인 만남이었을까. 형식에 구애 없이 습작한 글이 월간문학지의 신인상으로 선정이 된다. 부끄러웠다. 생소한 길을 걷다가 돌부리에 체여 넘어질까 봐 두렵기도 했다. 그러나 필력과 유머가 있고 잠재력이 보여 선정했다는 심사평은 움츠러진 나의 마음을 작가의 길로 응축시켜 주었다.

　문학의 잠재성은 어디에서 왔을까. 어머니의 고매한 자양분이 내게로 와 칠십육 년 동안 잠들어 있다 이제야 깨어났을까, 아니면 벌써 깨어 있었으나 거들떠보지를 않아 가슴속에 숨어있었을까. 아버지는 농사일만 아는 일자무식이었지만 어머니는 산골동네에서는 보기 드물게 한글을 깨우치셨다. 고서古書를 많이 읽으셨다. 가을밤이면 문풍지 객창소리와 귀뚜라미 소리 벗 삼아 나긋한 음성으로 책을 읽으시는 어머니의 모습이 지금도 눈에 선하다.

　그 어머니를 닮았을까, 태양이 짧게 머무는 산골 초등학교 4학년 때 쓴 동시가 전교생의 대표작으로 뽑혔던 일, 군기 빡세기로 소문난 해병대 고참병들의 사랑편지를 대필해 주고 군대생활을 편안하게 했던 일, 사고보고서 한 장에 매료되어 새로운 길을 열어주신 회사 사장님, 이 모두가 어머니의 DNA 효과가 아니었을까 짐작해 본다.

　법조인의 꿈을 어렵사리 접고 중견기업 무역부에 입사했다. 무역을 하다보면 통상마찰이나 품질문제로 국제적인 분쟁이 자주 일어난다. 자국 산업 보호책인 반 덤핑제소 같은 경우에는 논리성과 설득력을 갖춘 답변서를 요구한다. 논거가 일목요연한 문장력이 필수적이다. 수출의 날에 정부로부터 수출공로상을 여러 번 받을 수 있었던 것도 거기에서 비롯된다. 이것 또한 잠재된 문학의 뿌리가 아니었을까 추측해 본다.

  한발 두발 걸어온 과거 속에서 등단의 뿌리를 찾아보았다. 삶의 궤적과 수필의 맥은 공동운명체가 아닐까. 뿌리가 깊은 나무일수록 크게 자라고 밑거름이 풍부할수록 튼튼하게 자란다. 어머니로부터 물려받은 자양분으로 뿌리를 내리고 사회경험을 통한 경륜이 밑거름이 되어 작가라는 이름으로 거듭나고 싶다.
  연마되지 않은 칼은 종이를 자를 수가 없다. 종이를 힘차게 자를 수 있는 그날까지 쉼 없이 갈고 닦으리라. 나의 문학적 뿌리는 어머니였다.

황혼의 독백

 곱게 물든 단풍잎이 어느새 낙엽 되어 삭풍에 흩날린다. 냉기찬 바람이 육신을 움츠리게 한다. 겨울의 전초전은 이미 시작되었고 12월 마지막 달력 한 장이 댕그라니 벽에 걸려 있다. 예년 같았으면 해넘이 행사로 스케줄이 빼곡할 텐데 코로나 팬데믹으로 텅 비어있다. 바라보는 마음이 더욱 시리다.
 새해를 맞이할 수 있다는 것은 가슴 벅찬 일이다. 이맘때면 언제나 지나온 한해를 되새김한다. 알게 모르게 저질러진 업보를 선과 악으로 구분하여 마음의 사진첩에 담는다. 선한 것은 아름다운 추억의 사진첩에 담아 그리움으로 간직하고 악한 것은 회한의 사진첩에 담아 개전의 정을 깨우치며 후일을 다짐한다.

 한 해를 함께 했던 사람들 중에 고맙고 기억에 남는 사람은 누구일까. 매일같이 카톡으로 아침을 열어주는 사람, 고적한 날 소주 한잔의 우정을 청해오는 친구, 갓 담은 김장김치로 입맛 당겨주신 이웃할머니, 참다운 문학을 위해 축적된 지성을 아낌없이 쏟아주신 교수님, 그리고 술 한잔에 늘그막 세월을 비틀거리며 집으로 가면 언제나 불빛 열어주는 동반자, 이 모두가 잊을 수 없는 고마운 사람들이다.

 이렇듯 고맙기 그지없는 사람들과의 소중한 인연을 내 어찌 잊을 수가 있으랴. 그러나 누구보다 감사해야 할 사람은 무탈한 나 자신이라는 생각을 지울 수가 없다. 사지가 멀쩡했던 친구가 어느 날 갑자기 이슬처럼 사라져간 이별에 가슴아파한 적이 한 두 번인가. 팔순을 바라보는 나이에 아직도 맥박이 뛰고 있다는 것은 신이 내린 축복이기에 생명의 불꽃을 더욱더 다독여야 함을 절실하게 느낀다.

 돌이켜보면 정성을 쏟지 못한 세상살이에 아쉬움이 남고 무심코 스쳐버린 일들이 회한으로 남는다. 삶에 지쳐 비틀대는 친구에게 문안 인사 자주 못해준 냉정, 사랑하는 아내를 여의고 혼자 사는 친구의 슬픈 고독을 마음껏 달래주지 못한 무정, 살아생전 아내와 함께 했던 추억이 생각나 "보고 싶다, 보고 싶다." 하며 눈물짓는 친구의 모습을 보고 가슴아파했던 세월이 어느새 서산으로 기운다.

  노후의 인생을 즐기는 가장 좋은 방법은 어울림과 조화로움이다. 수필창작과 인문학을 낙으로 삼고 문도들과의 어울림에 한없이 기뻐하는 이유도 거기에 있다. 세대를 불문하고 담소할 수 있고 차 한 잔의 여유를 즐길 수 있다는 것이 여간 고맙지가 않다. 조화롭게 어울리는 것이 멋진 인생임을 깨우치며 주위를 살펴본다. 얼굴을 아는 사람은 많지만 마음을 아는 사람은 과연 몇이나 될까. 보고파 전화를 하면 군말 없이 달려오는 벗이 몇 명이나 될까, 넉넉지가 않다. 세월 따라 흩어지고 운명을 다해버린 인연의 고리가 너무 아쉽다. 새로운 인연을 찾아 나서기에는 마음이 쉽게 열리지 않는다.

  팔십 고개를 눈앞에 두고 보니 이제는 알 것만 같다. 살가움보다 무던함이 좋다는 걸, 질러가는 것보다 때로는 돌아가는 여유로움이 좋다는 것을. 묵향같이 은은하고 그윽한 인연이 오래 간다는 것도 깨닫는다. 얼마 남지 않은 인생, 하루를 살아도 사람답게 살고 싶고 매력이 넘치는 삶을 살고 싶다. 어떻게 사는 것이 매력 있는 삶일까.

영국의 캐서린 하킴 교수가 발표한 '매력자본(Erotic Capital)'
이라는 말이 생각난다. 매력이란 잘 생긴 외모만을 뜻하는
것이 아니라 유머감각과 활력이 넘치고 다른 사람의 호감
을 사는 멋진 태도나 기술을 말한다. 이런 멋진 태도나 기
술은 나이가 많다고 쇠퇴하는 것이 아니라 오히려 더 좋아
질 수가 있다. 그것이 바로 경륜에서 우러나오는 삶의 지
혜라고 했다. 와락 가슴에 와 닿는다. 실천 철학으로 가슴
에 새긴다.

그는 칠십대를 신 중년이라고 했다. 백세시대를 살아가
고 있는 오늘의 삶에 썩 잘 어울리는 명언이다. 백수를 넘
긴 원로 석학께서는 살다보니 육, 칠십대가 가장 행복했던
시절이었음을 고백하지 않았던가. 나는 아직은 칠십대 후
반에 머물고 있으니 신 중년이다. 신 중년의 매력자본을
보다 많이 축적하기 위하여 수시로 문학의 길을 산책한다.
살아온 인생길을 되돌아보며 내 삶의 독백을 글속으로 유
인한다.

유수와 같은 세월이라고 하지만 이제는 가는 세월이 더
디게 느껴진다. 차라리 화살처럼 후딱 지나갔으면 좋겠다
는 생각이 들 때가 있다. 오늘의 삶이 결코 고달파서가 아
니다. 얼마 남지 않은 인생길, 더 이상의 과오는 범하지 않

아야겠다는 노파심과 조금씩 다가서는 황혼의 고독을 감당하기가 힘이 들 것 같아서이다. 이제는 긴긴 세월을 두고 응어리진 마음의 짐을 하나 둘 세월의 강물위에 띄워 보내련다. 강물은 바다로 흘러 더 넓고 깊은 마음으로 내 삶의 전부를 안아줄 테니까.

  새해 첫날 눈이 내린다는 일기예보에 아득한 추억 속의 한 여인이 생각난다. 갓 시집 온 새색시가 시부모님 산소를 찾아 산길을 오른다. 그날따라 함박눈이 펑펑 쏟아진다. 빨간 치마 옥색저고리가 눈발에 휘날리고 하얀 버선발에도 흰 눈이 쌓인다. 눈 속에 피어난 그녀의 하얀 미소가 그렇게 눈에 부실 수가 없다. 그 때의 눈부심은 어디로 갔을까. 세월은 흘러 그녀도 이제 신 중년에 섰다. 반백년을 나와 함께 해준 일편단심이 너무 고맙지만 병마에 시달리는 모습이 가련하여 가슴이 아프다. 하느님의 가호가 있길 두 손 모아 빌어본다. 힘내요 우리. 아자 아자.

그것이 인생인 것을

 매일같이 '까톡, 까톡'. 새벽잠을 깨우는 친구가 오늘도 어김이 없다. 창문을 열고 새벽공기를 마신다. 내 작은 뜨락에 심어놓은 천리향의 향기가 와락 가슴에 안긴다. 그 꽃향기를 마음에 담아 친구에게 보낸다. 좋은 아침이라고……. 아침을 여는 마음이 상큼 하면 하루가 가뿐해진다.
 꽃샘바람이 귓불을 에이는데도 봄의 화신이 뜨락으로 숨어들었나 보다. 찬바람에 숨죽이던 풀포기가 파릇파릇 새싹을 틔우고 풍란의 줄기마다 하얀 꽃망울이 옹기종기 햇살을 쏘인다. 머잖아 망울 망울이 터질 것만 같다. 봄이 오면 겨우내 움츠렸던 마음이 생기를 찾아 가슴을 들썩인다. 그럴 때마다 연초록 풀잎 향연을 찾아 길을 나선다. 조금 남은 여생의 즐거움이다.

　오늘따라 창밖에 봄비가 내린다. 마음이 싱숭생숭하여 우산을 받쳐 들고 산책길 나선다. 마른 가슴이 우수에 젖어 촉촉해 진다. 예나 지금이나 빗님은 변함없는 사랑으로 나를 반긴다. 소싯적에 도단 집 지붕위에 또닥또닥 떨어지는 빗소리가 너무 좋아 쪽마루에 누워 비 잠을 잤던 기억이 생생하다. 사라호 태풍이 그 도단지붕을 몽땅 쓸고 갔지만 나의 빗속 추억은 아직도 그곳으로 달려간다. 지금도 비가 오는 날이면 빗속 낭만에 젖고 싶어 우산을 쓰고 길을 나선다. 흘려간 추억들을 떠올리며 아무도 방해치 않는 나만의 낭만에 젖는다. 응어리진 상념들이 빗물에 씻기우는 아늑한 습성이다.

　이제는 뒤돌아 갈 수 없는 순간순간들이 모두가 그리움이다. 추억은 세월가도 늙지 않는 불사조, 언제 어디서나 그때 그 모습으로 다가온다. 못다 한 사랑도, 멀어져 간 친구도 이제와 생각해 보면 모두가 내 탓이다. 조금만 참았더라면, 한 발짝 물러섰더라면, 감정을 억누르고 이성적으로 대했더라면 너와 내가, 우리가 보다 좋은 인연으로 남아 멋진 추억을 만들어갈 수가 있었을 텐데, 만시지탄이다.

추억만을 먹고 사는 바보가 되지 않기 위해 삶의 끝자락에 매달려 버둥거려 보지만 옛날 같지가 않다. 이제는 가슴속에 남아있는 삶의 찌꺼기를 하나둘 노을에 묻고 가는 세월, 회한의 숲속을 거닐며 용서하고 회개하면서 하루하루를 정리하고 흔적 없이 사라질 그날을 준비한다.

나를 해치는 것이 남이 아니라 부질없는 탐욕과 원망을 내려놓지 못한 나 자신임을 깨우친다. 가끔씩 얄팍한 자존심으로 나부대다가 끝없이 추락하는 모습을 보면 연민의 정을 느낀다. 나 역시 분수를 모른 채 덧없는 욕심에 비틀거린 세월도 있었다. 이제는 깨어나고 싶다. "너 자신을 알라."라는 글귀가 새겨진 아폴로 신전으로 훌쩍 떠나고 싶은 심정을 간신이 억누른다.

세상에서 가장 강한 사람은 사람의 마음을 얻는 것이라고 했다. 만나면 마음이 따뜻해지고 만날수록 공명이 오래가는 사람이 좋다. 마음을 얻지 못하여 나락으로 빠져드는 권세가를 보면서 권력도 명예도 민심을 저버리면 일순간에 물거품이 된다는 교훈을 수없이 경험한다. 민심이 천심임을 알지 못하고 아직도 아집의 늪에서 헤어나지 못한 그들의 양심이 한없이 가엽기도 하다.

함지박 같은 웃음 꽃 만발하는 세상이면 좋겠다. 화무는 십일홍이요, 인생은 일장춘몽이라고 하지만 이왕 사는 세상이면 목단 꽃 같은 부귀영화를 누리며 살고 싶다. 일말의 후회도, 티끌만한 오류도 남기지 않는 청량한 여생을 누리고 싶다. 하지만 호락호락 하지 않은 세상, 이제는 힘이 든다. 낡은 수레처럼 여기저기가 삐거덕거린다. 어느새 팔부능선에 다다랐건만 백세고지는 아스라이 멀기만 하다.

 갈 곳이 없어 공원 벤치에 앉아 시간과의 싸움에 지쳐있는 사람들을 많이 본다. 절룩거리는 몸으로 아슬하게 살아가는 사람들을 보면 마음이 아려진다. 그들 앞에 서면 한없이 겸손하고 싶다. 가던 길 멈추고 뒤돌아보기도 한다. 그냥 스치고 지나가면 될 걸 자꾸만 뒤돌아 봐지는 마음은 무슨 까닭일까. 연민의 정 때문일까, 머잖은 나의 미래가 거기에 있음일까.

 오늘도 장자산 능선에 올라 하늘을 본다. 흥망성쇠도 생로병사도 하늘이 내리는 우주의 섭리일진데 창공의 구름 한 조각 바람에 실려 간들 어찌할 소냐. 울분과 통한의 시간들을 세월의 강물위에 흘려보낼 수밖에, 그것이 인생인 것을…….

추자도 애가哀歌

33년 공직 생활을 마감한 각별한 친구가 있다. 내가 알고 지내는 공직자 중에서는 누구보다도 순박하고 정의로운 사람이었다. 강직한 성품 탓으로 상명하복의 공직문화를 순순히 받아들이기를 힘들어 했지만 초지일관 본분을 지키려고 애써온 청백리였다. 우리 두 가족은 안팎으로 자연을 감상하는 마음이 닮아 부부여행을 함께하는 기회가 많았다.

삼 년 전 함께했던 추자도 여행을 잊을 수가 없다. 추자도는 상추자도와 하추자도를 비롯하여 4개의 유인도와 38개의 무인도로 이뤄진 섬이다. 어종이 풍부하여 낚시마니아들에게는 성지이기도 하다. 친구 부인의 지인이 추자도에 투 룸을 갖고 있어 우리는 그 곳에서 일주일간을 머물기로 했다. 검푸른 파도를 헤치며 한 시간 만에 도착한 상추자도. 그곳에서 세상풍파에 휩쓸려 은둔의 삶을 살아가는 세 사람 K, Y, H 선생을 만날 수가 있었다.

투 룸의 주인인 K선생은 서울의 명문 S대학을 졸업한 지식인이었다. 그러나 삶의 향방을 잘못 잡아 정치의 구렁텅이에 발을 헛딛고 말았다. 유명 정치인 P의원과 정치적 동행을 한 것이 패착이었을까. 끝내 본인의 꿈은 이루지 못하고 낭인으로 전락하여 추자도에서 낚시걸이 삶을 살고 있었다.

또 한 사람 Y선생은 서울의 명문사학 K대학을 졸업하고 경기도에서 공장을 운영하였으나 IMF 된서리에 뒤통수를 맞고 추자 섬에서 은둔생활을 하고 있었다. 서울에 있는 부인이 가끔 다녀간다고 하였으나 여기저기 홀아비 냄새가 진동을 한다. 곰팡이로 얼룩진 벽, 녹설은 쇠못에 걸린 후줄근한 바짓가랑이에 삶의 고독이 대롱거리는 것 같아 마음이 아렸다. 리모컨으로 하루를 열고 닫는 외톨이 인생. 그래도 손수 끓인 매운탕을 냄비채로 가져와 소주한잔 따라주던 인정이 넘치는 사람이었다.

말벗이 그리워 우리 곁을 기웃 기웃대던 H선생, 그는 최대 일간지 C일보의 편집국 기자 출신답게 이론이 정연하고 언변이 출중하신 분이었다. 은퇴 후에 부인과 졸혼을 하고 추자도의 칙칙한 골방에서 외톨이 생활을 하고 있었다. 한때의 혈기서린 기풍은 간곳이 없고 세월의 풍상이 머리위에 하얗게 서리 내렸다.

K, Y, H, 세 사람은 서로가 서로를 위무하고 모자람과 외로움을 채워주는 상생관계를 유지하고 있었다. 추자도에는 이렇게 한 순간 세상을 헛발질하여 독거인생의 고독을 삼켜야 하는 사람이 많이 산다고 한다.

추자도 여행 셋째 날, K선생이 낚시 도구를 챙겨 우리를 갯가로 인도하였다. 미리 익혀 둔 낚시 포인트였을까. 바다낚시가 처음인 나에게 물고기들이 떼를 지어 입질을 한다. 신입생 환영이라도 하듯 미끼를 툭툭 치고 질질 끌고 다닌다. 잠깐 동안에 쿨박스가 가득했다. 바다낚시의 손맛, 그 짜릿한 감동과 바람도 상큼한 갯바위에 앉아 금방 잡아 올린 줄 돔을 회쳐놓고 소주잔 부딪치던 그날의 낭만은 평생토록 잊지 못할 추억으로 남게 되리라.

K선생의 거실 화병에는 원추리 꽃이 꽂혀 있었고 베토벤의 교향곡 '운명'의 선율이 우렁우렁하게 흐르고 있었다.

아마도 모진 세파에 얽히고설킨 삶의 애환과 고적함을 달래 보려는 몸부림이 아닐까 싶다. 한때는 중정원에서 깃발을 날리던 사람이 정치판으로 뛰어들었다가 패가망신하고 단명한 친구가 생각이 났다. 권력에 눈이 멀면 인생도 눈이 먼다는 이치를 다시금 깨우친다.

우리는 상큼한 갯가를 거닐며 인생을 논하고 해풍을 먹고 자란 뽕잎차를 끓여 마시며 우정의 꽃을 피웠다. 오돌토돌 톳나물 무쳐 먹으며 추자도의 입맛도 한껏 즐겼다. 장대비가 주룩주룩 내리던 날에는 빨간 등대 길을 거닐며 은퇴의 삶이 외롭다는 친구의 우산 속 독백을 어루만져 주었다.

추자도의 마지막 밤이 지나고 작별의 시간, 옥상에 말려 놓은 뽕잎을 거두고 동네 할머니한테서 구매한 옥돔을 챙겼다. 그리고 K선생을 찾아가 정중하게 작별의 인사를 나누고 부산에서 다시 만날 언약도 주고받았다. 추자도의 참맛을 보여준 사람, 식견이 청산유수 같았고 인정이 넘쳐흘렀던 그 분에게 더 이상의 애한哀恨이 없기를 빌어본다.

추자도에는 이렇게 남모르게 흘려야 했던 눈물자국, 어쩌면 우리가 함께 안고 가야 할 아픔들이 숨어 있었다. 그들은 인생의 어두운 그림자가 아직도 이 세상 여기저기에 산재해 있다는 의미를 말해 주고 있었다.

추자도의 일주일, 사랑하는 친구와 함께 했던 추억들이 파노라마 친다. 두고두고 생각나는 친구, 한 자락 바람 같은 인연이었나, 이제는 불러도 대답이 없구나. 잘 가시게.

손편지

 일요일 아침, 창가에 앉아 모닝커피 한 잔의 오붓함에 젖는다. 오늘따라 그녀가 말이 없다. 어디 여행이라도 갈까 라고 해도 대답이 없다. "당신 왜 그래. 무슨 일 있어?" 하고 추궁했더니 눈길을 피하며 툭 던진다. "내일 수술하기로 했어요." "지금 뭐라 했노." "유방암 2기인데 내일 수술하기로 했다고요." 그걸 왜 이제 와서 얘기를 해. 아닌 밤중에 홍두깨도 유분수지 암 수술이 그 무슨 아이들 소꿉장난이야?

 기가 차서 말이 안 나온다. 화를 내지도 못하고 울컥 하여 밖으로 뛰쳐나왔다. 이건 아니야. 이럴 수는 없어. 심장이 후드득거리고 눈앞이 캄캄해 온다. 아내의 손을 끌고 수술 예약을 한 Y병원으로 달려갔다. 유방암 수술 전문병원이었으나 미덥지가 않았다. 진료기록과 사진을 회수하여 사위가 근무하고 있는 P대학병원으로 달려가 곧바로 수술 날짜를 잡고 입원을 시켰다.

심신이 천근만근이다. 잘못되면 어떡하지, 오만가지 걱정에 뜬 눈으로 밤을 새고 병원으로 달려갔다. 수술 침대에 누워 엷은 미소를 던지는 모습이 그렇게 애잔할 수가 없다. 드르륵 수술실 문이 열리는 순간 "여보, 이제 나 죽어도 여한이 없어 예." 하는 아내의 목소리에 내 작은 눈망울이 이슬에 젖는다. 난 어떡하라고…….

여자의 자존심인 왼쪽 가슴을 제거하는 수술이었다. 수술이 잘 되었다고 했지만 마음이 놓이지 않았다. 항암치료는 서울 A병원에서 받기로 했다. 일주일에 한번 항암치료차 서울로 오가는 KTX 임상데이트, 차창 밖으로 스쳐 지나가는 산천초목이 새롭게 보인다. 진정한 부부의 사랑이 무엇인가를 되 뇌이며 더욱더 아껴줘야겠다는 마음을 수없이 다진다.

머리카락이 몽땅 빠져나간 자리에 아픔이 남아 있었지만 하느님의 은총과 강한 의지로 병세는 빠르게 호전되었다. 기쁨에 겨워 들과 산으로 섬으로 그리고 유럽과 이스

탄불로 주유천하를 쏘다녔다. 노후의 삶을 여행으로 만끽할 즈음 이건 또 무슨 날벼락인가,

주왕산 가을 여행길이었다. 그날따라 유난히도 더딘 걸음이 수상쩍어 왜 그러냐고 물었다. "며칠 전부터 배가 좀 아파 예." 불길한 예감에 머리가 빙 돈다. 남은 여행 일정을 모두 취소하고 대학병원 응급실로 급하게 차를 몰았다. 진단결과 복막가성점액종. 복막이 터져 장기를 뒤덮은 중한 병이라고 했다. 와르르 하늘이 무너져 내린다. 알음알음으로 이 분야의 수술을 가장 많이 한 의사 선생님을 만날 수가 있었다. 북받쳐 오르는 설움과 간절한 소망을 담아 의사선생님께 손 편지를 썼다.

"선생님, 우리 집사람 살려 주십시오. 세상을 다 준다 해도 바꿀 수 없는 소중한 사람입니다. 한평생을 절제와 적선으로 살아 온 사람입니다. 형제간의 우애를 하늘같이 알았고 못난 남편을 언제나 존중하였으며 가엾은 사람의 손길을 결코 뿌리치지 않았습니다. 가난을 극복하려고 떨어진 속옷을 마다하지 않았으며 국수와 수제비로 셋방살이를 면하였습니다. 이렇게 착하고 소중한 반려자를 먼저 보낼 수는 없습니다. 그것은 형벌입니다. 슬픈

연극의 주인공은 되고 싶지 않습니다. 선생님, 이렇게 두 손 모아 애원합니다. 우리 집사람 꼭 살려 주십시오. 그 은혜 죽음까지 함께 하겠습니다."

열두 시간에 걸친 악몽 같은 수술이 끝나고 회복실에서 병실로 돌아온 그녀는 핏기 하나 없는 창백한 모습이었다. 뺨을 때리며 내가 누구냐고 물어도 눈만 멀뚱거린다. 설상가상으로 수술도중에 폐에 물이 차서 한밤중인데도 또 시술을 해야 한다고 했다. 생지옥이 이런 것일까. 한참 후에 그녀는 피통을 허리에 줄줄 달고 나왔다. 섬떡 했다. 무서운 고독이 온 몸을 휘 감는다. 다음날 아침 선생님이 회진을 나왔다. 그리고 돌아서며 하는 말,

"손 편지 잘 보았습니다. 정말 최선을 다했습니다."

수술 후에 나와야 할 가스가 나오지 않았다. 물 한모금도 마시지 못했다. 가슴이 답답하여 의사 선생님에게 매달렸다. 제발 좀 어떻게 해 달라고. 그러나 속수무책이었다. 하늘만 바라볼 수밖에. 나만이라도 기운을 차려야지 하며 그녀 몰래 사서 먹는 음식이 목에 걸린다. 병원에서 시장통으로 오가는 언덕 벤치에 앉아 물 한모금도 못 마시는

그녀가 가여워 펑펑 울었던 기억은 지금도 가슴을 아리게 한다.

  26일 만에 그토록 기다리고 기다리던 가스가 나왔다. 방귀소리가 그렇게 예쁠 수가 없다. 눈가에 이슬이 맺힌다. "여보, 울지 마. 이제 우리 살은 거야." 환희의 순간에 내가 할 수 있는 최고의 속삭임이었다.

  지성이면 감천이었던가. 유방암은 이제 완치 판정을 받았고 복막을 수술한 지도 5년차에 접어든다. 2년이 고비라는 선생님의 말씀이 줄곧 내 삶을 옥죄고 있었지만 이제는 마음을 훌훌 털고 소중하게 살아갈 날만을 꿈꾼다. 하루하루가 덤이다. 운명이 다하는 그날까지 나는 바람이고 당신은 구름이 되어 기적같은 여생을 살다 가리다. 살아 숨 쉬는 오늘이 꿈만 같다.

명찰 목걸이

언제부터인가 고유명사가 잘 떠오르지 않는다. 예능프로그램 원로배우들의 이름이 알쏭달쏭하다. 습작을 할 때도 익히 알던 단어가 생각나지 않아 한참을 끙끙댄다. 노래는 아는데 제목을 몰라 노래 신청에 애를 먹는다. 기억력의 노화현상, 피할 수 없는 늘그막 삶의 고충이다.

암보다도 더 무섭고 피하고 싶은 질병이 치매라고 한다. 이삼십 년 전만해도 치매라는 단어가 생소했었고 그 심각성을 알지 못했다. 복싱의 영웅 무하마드 알리와 레이건 대통령이 알츠하이머로 힘들어 할 때 치매의 폐해성이 널리 알려지게 되었다. 그 옛날 시골에서 횡설수설하는 노인을 보고 '노망' 들었나 했는데 그것이 바로 치매가 아니었나 싶다.

 건망증과 치매의 구분은 어떻게 하는 걸까. 핸드폰을 어디에 두었는지 기억을 못하면 건망증이고 그것을 찾고도 뭐하는 것인지 모르면 치매라고 한다. 얼마 전에 치매테스트를 받은 적이 있다. 고유명사 세 개를 들려주고 조금 있다가 그것이 무엇이었냐고 다시 묻는다. 치매는 가까운 과거를 잘못 기억하기 때문이다. 100에서 7을 빼면 몇이냐고 묻는다. 처음에는 93이라고 쉽게 답하지만 계속해서 7을 빼라고 하면 머릿속이 하애진다. 옆자리에 앉은 어떤 할머니는 5를 빼라고 하면 좋을 건데 왜 자꾸 7을 빼라고 하냐고 투덜투덜댄다. 한참을 웃었다. 독서와 글쓰기를 하면 치매예방에 도움이 될 것 같아 열심이다. 하루를 살아도 사람답게 살고 싶은 황혼의 몸부림이다.

 두 권의 시집을 상재하신 시인이 인문학 동아리에 신입으로 오셨다. 건망증이 심하다며 명찰목걸이를 제안하여 오랜만에 큼지막한 명찰목걸이를 목에 걸어본다. 좀처럼 기억되지 않던 이름들이 눈에 쏙쏙 들어온다. 그러나 오래가지 않았다. 명찰목걸이가 하나 둘 자취를 감춰 버린다. 왜 그랬을까. 목에 거는 것이 불편해서일까. 이름이 촌스러워서일까. 아니면 자신의 이름을 목에 걸고 세상을 살아가는 것이 부끄러워서일까. 알 수가 없다. 나 혼자 목에 걸기도 뭣하여 가방에 넣고 다니다가 이제는 마음속에 품고 다닌다. 내 삶의 일거수일투족을 감시하는 감독관을 모시듯이.

이름은 단순한 호칭이 아니라 그 사람의 족적이며 인품이다. 장르를 불문하고 후세인들에게 좋은 감정으로 회자되는 이름은 세상을 밝혀주는 등불이다. 연인들끼리 부르는 애칭은 가슴 설레는 사랑이며 연식이 오래된 사람에게는 경륜이 묻어나는 인격이다. 그 사람 고유의 삶이 고스란히 이름 속에 함축되어 있는 것이다. 하여 이름이 차지하는 삶의 가치는 헤아릴 수 없이 중하고 고유하다.

이름의 값어치는 얼마나 될까. 천차만별이다. 사람들은 누구나 주어진 영역에서 자기의 이름값을 올리기 위해 전력투구한다. 방탄소년단과 손흥민 같은 이름은 헤아릴 수 없을 만큼 보배로운 이름이다. 국격을 높여주는 애국자이다. 아프리카 수단에서 의료봉사에 헌신하다 49세의 일기로 선종하신 〈울지 마, 톤즈〉의 주인공 이태석 신부님은 우리 모두가 숭상해야 할 성자이시다. 남수단의 슈바이처, 거룩하신 신부님의 삶을 어찌 이름값으로 호가할 수 있으랴.

나라의 얼과 운명을 헌신짝처럼 팔아넘긴 매국노의 증

손자가 조국 땅에 발을 들여놓지 못하고 타국에서 살아가야 한다는 뉴스를 보고 마음 아파한 적이 있다. 매국노라는 조상의 이름값을 호되게 치려야 하는 그 역사적 불행의 의미를 마음속 깊이 새긴다. 이름은 아무리 지우려고 해도 지워지지 않는 삶의 그림자, 이승에서 저승까지 따라 다니는 생명의 발자취이기에 더렵혀지지 않도록 성심을 쏟아야 할 삶의 가치이리라.

좋은 이름으로 남고 싶다. 후손들에게 적어도 손가락질 받지 않는 삶을 살고 싶다. 나를 아는 모든 사람들의 가슴 속에 '아, 그 사람 괜찮은 사람이었어.'라고 기억되는 이름이고 싶다. 하여 언제 어디서나 내 마음 속에 명찰목걸이를 걸고 다닌다. 그 이름을 더럽히지 않기 위해 무슨 일이 있을 때마다 내 스스로를 되새김 한다. '그건 아니야. 네가 잘 못한 것이야. 다시는 그러지 마.'라고…….

부모님이 지어주시고 평생을 함께 하는 내 이름 석 자, 난 결단코 너를 욕되게 하지 않으리.

지팡이 인생

걸을 때나 언덕을 오를 때 짚는 지팡이, 노령인구가 불어나면서 공원이나 쉼터에서 뒤뚱거리는 지팡이 인생을 흔히 본다. 그들을 바라보는 마음은 언제나 짠하다. 비틀대는 걸음마다 먼 길 헤쳐 나온 역정이 보여 가던 길 멈추고 뒤돌아보기도 한다. 어쩌면 머잖은 내일의 내 모습 같아 그들 앞에서는 무한정 겸손하고 싶은 마음이다.

따스한 봄날 산행 길에서 우연히 친구의 친구를 만났다. 반갑게 인사를 나누는 순간 그가 들고 있던 기이한 지팡이에 눈길이 멈춘다. 마치 깊은 산속 도사님이 들고 있는 지팡이처럼 요상하고 특이한 멋을 풍긴다. 칡넝쿨이 나무를 심하게 감으면 그렇게 된다고 했다. 어디 가면 그런 나무를 구할 수 있냐고 물었으나 얄밉게도 돌아서 가버린다. 그 날은 하루 종일 그 지팡이가 눈에 아른거려 정신이 혼란스러웠다.

당장에 장비를 구매하여 배낭을 메고 들쥐처럼 장자산 속을 샅샅이 뒤졌다. 걸작품이 되기 위해서는 최소한 세 가지 요건을 갖추어야 한다. 첫째, 칡넝쿨이 감은 곡선의 음각과 양각이 또렷해야 한다. 그래야만 시각적인 아름다움을 창출할 수가 있다. 두 번째는 나무가 반듯하게 곧아야 한다. 휘어지거나 뒤틀리면 제 기능을 발휘할 수가 없다. 세 번째는 손아귀에 꽉 잡힐 정도로 크기가 적당해야 한다. 이렇게 세 가지 요건을 모두 갖춘 지팡이재료를 찾는다는 것이 결코 만만치가 않았다. 어쩌다 운 좋게 비슷한 재료라도 찾게 되면 마음이 하늘로 솟는다.

수많은 날을 지팡이 재료를 찾아 험한 산길을 헤매고 다녔다. 가시나무에 찔리고 산비탈에 넘어지기도 했다. 찢어진 옷가지와 긁힌 상처는 지팡이 훈장처럼 느껴진다. 힘들게 찾은 재료를 다듬어 세상에 하나뿐인 작품으로 환생시킬 때는 가슴이 벅차오른다. 버스나 지하철을 타면 많은 사람들의 시선이 지팡이에 쏠린다. 산을 오르거나 여행길에 나서면 지팡이는 인기스타가 된다. "멋지네요. 이거 어디 가면 살 수가 있나요?"하고 묻기도 한다. 지구상에서 오직 하나뿐인 지팡이. 희귀성이 가치를 창출하기에 그럴 때면 마치 지팡이스타가 된 기분이 들기도 한다.

우리는 많은 종류의 지팡이를 벗하고 의지하며 산다. 가난하고 힘없는 사람들에게는 나라의 보살핌이 최저생계를 유지하기 위한 생활의 지팡이다. 몸이 불편한 사람들에게는 일어서게 하고 걸을 수 있게 하는 수단이며, 시각장애인이나 밤길을 헤매는 사람에게는 등불이 된다. 부모님의 꽃상여를 뒤따르며 허리 굽혀 짚는 지팡이는 불효자식의 눈물이며 꼬부랑 할머니의 지팡이는 살아생전에 못다 푼 망부亡夫의 한恨이 되리라.

지팡이 재료탐색 및 작품화 작업은 은퇴자의 삶에 큰 보람이었으며 인생 제2막의 영혼을 달래주는 나만의 안식처였다. 번잡스런 세속보다 말없는 산이 좋아 눈만 뜨면 산속을 헤매도는 유산소 운동이었으며 허허로운 마음을 달래주는 길동무이기도 했다. 이름도 성도 없는 벗이지만 완성된 후에 물끄러미 바라보는 마음은 그렇게 뿌듯할 수가 없다. 지인에게 준 지팡이 선물이 사랑을 받을 때는 시집보낸 딸자식이 사랑받는 것처럼 마음이 흐뭇해진다.

'지팡이를 짚고 일어서는 꿈'은 누구의 도움으로 어려운 난국을 타개한다는 뜻으로 해몽된다. 어려울 때는 국가라는 믿음직한 지팡이가 있어 모두가 함께 잘사는 사회이기를 기원한다. 지팡이가 없어도 잘 걸을 수 있는 건강한 세상을 꿈꾼다. 사는 날까지 비틀대는 이웃에게, 고달픈 인생길을 홀로 걷는 사람에게 다정한 지팡이가 되어 주리라.

나는 한 때 지팡이에 미쳤었다. 네가 있어 외롭지가 않았으니 넌 정말 좋은 친구였어. 오브제 같은 너를 볼 때마다 산새소리 바람소리 풀잎소리가 나를 손짓하는구나.

각별한 이별

　창틀 에어컨 외기사이에 둥지를 튼 비둘기 가족의 사랑놀이에 새벽잠을 설쳤다. 거실로 나왔다. 창문에 비치는 햇살이 눈에 부시다. 개구리가 겨울잠에서 깨어난다는 경칩이 저만치에 남았는데 춘심이 벌써 창밖에서 서성거린다. 오늘밤에는 각별한 송별회가 있는 날, 오십오 년을 함께 해온 곰삭은 우정을 뒤로 한 채 서울로 이주하는 친구와의 이별이 가슴을 아리게 한다.

　살다 보면 수많은 이별을 경험한다. 숨이 짧아 어느 날 갑자기 세상을 등진 사람, 삶에 지쳐 숱한 인연을 뒤로한 채 남쪽 섬으로 떠난 사람. 무심코 한 말이 가슴에 옹이가 되어 돌아선 사람, 이제는 이름마저 가물가물한 정 주고 떠난 사람, 모두가 못 다한 정 때문에 이별의 순간마다 가슴 아파했다. 그러나 오늘처럼 오십오 년 세월을 함께 정들인 친구를 서울로 떠나보내야 하는 마음은 더욱 아프다.

그에게는 중견기업의 최고경영자로서 웅비하던 시절이 있었다. 자식농사도 남부럽지 않다. 교육자 아내를 두어 노후가 여유로운 다복한 여생을 즐길 수도 있었다. 그러나 어느 날 갑자기 불어 닥친 세찬 바람에 휘말려 황혼이혼을 감행해야 했던 삶의 궤적이 나를 짠하게 한다.

저녁달이 숨바꼭질하는 꾸불꾸불한 골목길 따라 어둑한 물꽁 집으로 갔다. "어서 오이소. 다 와 있어 예." 주인 아지매가 반갑게 손을 내민다. 오십오 년 지기 대학 동창들이 여럿이 모여 있다. 한 순배 술잔이 돌자 취기가 오른다. 혼밥으로 더욱 야위어진 어깨 위에 홀아비의 그늘이 드리워진 친구의 모습이 측은지심으로 다가온다.

거두절미하고 그에게 물었다. 추억을 먹고 사는 황혼인데 쌓이고 쌓인 흔적들을 여기에 남겨두고 어찌하여 서울로 떠나가느냐고. 생활의 터전마저 여기에 있는데 왜 물설고 낯선 곳으로 가느냐고 따지듯이 묻는다. "미안하네. 난들 어찌 쉬이 발길이 떨어지겠는가. 서울 사는 아들이 자꾸 오라고 해서 간다네." 자식이 있어도 서울 가면 많이 외로울 텐데, 그 고독을 어찌 감당 할러고. "여보게 친구, 타향도 정 붙이면 고향일세. 생각해 줘서 고맙긴 하네만 인생이란 본시 구름 같은 것이라네. 바람 불면 흘려갈 수밖에, 별 도리가 있겠는가."

 술잔이 가볍게 흔들린다. 혼자의 몸으로 낯선 거리를 서성거릴 모습을 생각하면 마음이 아릿해 진다. 이번 기회에 서울에 살고 있는 전처와 재결합하는 것이 좋지 않겠느냐고 다구 친다. 미운정보다 고운 정이 더 많지 않았느냐고, 돌이켜 보면 이혼의 사유가 당신에게도 조금은 있지 않느냐고. 듣기에 거북한 탓일까, 왜 남의 사생활에 참견을 하느냐고 정색을 한다. 무슨 말을 그렇게 하는가, 우린 남이 아니라 오십오 년 지기 친구일세.

 꼬장꼬장한 성격의 소유자인 친구의 과거를 누구보다 잘 알고 있는 나는 진심어린 우정으로 다가가고 싶었다. 신혼시절, 우리는 앞뒷집에 살면서 부엌살림까지 알 정도로 가깝게 지내는 사이였다. 그들의 재결합을 바라는 나의 진심은 월권이 아니라 사심 없는 의리의 발로였다. 진정으로 그들의 재결합을 권유하고 싶었고 말년의 행복을 빌어주고 싶었다.

 형광등 불빛사이로 비치는 엷은 미소가 무엇을 뜻하는

지는 모르겠으나 나에게는 연민으로 다가왔다. "이보게 친구, 다시 한 번 생각해 보시게. 나이 들수록 말벗 되어주는 사람이 절실하다네. 혼자보다 둘이 함께 하면 더 멀리 갈 수 있다는 말을 잊으셨는가. 해 질 녘 서산에 걸린 노을이 아름답게 보이는 것은 둘이 함께 하기 때문일세. 혼자이면 노을마저 외로운 눈물일세. 그래도 친구는 말이 없다. 술잔이 심하게 떨린다. 무슨 뜻일까. 이래볼까 저래볼까, 뉘우침의 눈물일까 아니면 캐 세라 세라일까 침묵이 한참을 흐른다.

회자정리會者定離라는 사자성어가 생각나는 이슥한 밤, 가슴깊이 파고드는 아쉬움과 애잔함을 거나한 술잔 속에 타서 마신다. 몸도 마음도 휘청거린다. 이별의 순간이 밤을 재촉하건만 친구는 끝내 화답 없이 침묵으로 술잔을 비운다. 남의 속도 몰라주는 야속함 때문일까 스치고 간 인연의 아쉬움 때문일까, 이래볼까 저래볼까 기로에 선 몸부림일까, 자리를 툭 털고 일어선다. "이만하고 가세나."

불 꺼진 창으로 돌아서 가는 친구의 어깨위에 삶의 고독이 매달린다. 지리산 천황봉을 거침없이 내 달리던 그날의 폐기는 사그라 들고 야심한 밤, 띄엄띄엄 졸고 있는 불빛

사이로 함께 했던 우정의 오십 오년이 하나 둘 추억 속으로 사라져간다.

 잘 가시게 친구. 언제라도 내가 던져준 말이 생각나거든 어디 한번 만나나 보시게. 아이 셋을 훌륭하게 키웠고 수많은 세월을 함께하며 부부간의 사랑을 키워왔던 그 여인을. 이제 야멸차게 뿌리쳤던 그녀의 손목을 따뜻한 손으로 잡아주게나. 흐르는 세월에 지난 일들 묻어두고 속죄하는 마음으로 살포시 안아주면 안 될까. 노후의 외로움을 나눌 수 있게.

 4년이 지난 지금도 친구는 서울하늘 아래 청계산 기슭에서 혼 밥을 먹는다.

동창생 순아 이야기

　내가 태어난 곳은 의령군 정곡正谷면 석곡石谷리, 두메산골이다. 골짜기 곡谷자가 두 개다. 우리 마을과 이병철 생가는 2키로 쯤 떨어져 있다. 생가 뒷산 능선을 타고 내려오면 끝자락에 큰 바위가 하나 있다. 이 바위를 만지면 큰 재물을 얻는다는 입소문이 퍼져 각처의 경제인들이 줄을 잇는다. 얼마나 만졌으면 바위가 몽돌처럼 반질반질하다. 나도 많이 만져보았지만 성심이 부족한 탓인지 재물과는 거리가 멀다. 자고로 큰 재물은 하늘의 운이 따라야 한다는 말이 생각난다. 삼성상회 라는 조그만 가계가 대 재벌의 모태가 될 줄을 그 누가 알았으랴.
　60여 년 전에 그 곳 초등학교를 졸업했다. 그때만 하여도 춘궁기春窮期가 있었다. 봄이면 만물이 기지개를 켜고 꽃을 피우지만 농민들은 먹을 것이 없어 초근목피로 연명했다. 도시락도 꽁보리밥에 시어빠진 김치가 전부였다. 몇몇 잘사는 집 아이들은 하얀 쌀밥에 고소한 멸치볶음을 싸와 맛있게 먹는 걸 보면 군침이 돌았다. 한 젓가락 얻어먹을까 하고 눈치를 주어도 못 본체 한다.

되돌아보면 초등학교 시절에 재미있는 추억이 많다. 졸업할 때까지 줄곧 한 반에서 공부하고 싸움질을 했다. 특히 여학생수가 적어 이쁜이 쟁탈전이 심했다. 내가 좋아했던 여학생은 순아, 학교 뒷동네에 살고 있는 착하고 이쁜 아이였는데 성인이 될 때까지 한 번도 만나지를 못했다. 대구 제일모직에 다닌다는 소식은 들었으나 차마 찾아갈 용기가 나질 않았다. 맘속으로 그리워 할 수밖에. 그러던 중에 안부를 전할 기회가 생겼다. 졸업 후 20년이 지날 무렵 동기동창회 결성안내문을 동창들에게 띄웠다. 순아한테는 별도로 손 편지를 써서 보냈다. "동창회 때 꼭 와 달라고" 그 때 나는 이미 결혼하여 아내와 아이도 있었는데 왜 그렇게 순아가 보고 싶었는지 알 수가 없다. 아마 나도 모르게 순이란 아이가 동심속으로 들어와 풋풋한 향수를 뿌린 것이 아닐까 싶다.

동창회 날이 다가왔다. 과연 순아가 올까 안 올까 얼마나 예뻐졌을까 궁금해진다. 드디어 학교 운동장에서 그토록 보고파 했던 순아를 만난다. 20년 만이다. 그녀를 맞이하는 순간, 맙소사, 하나님도 무심하시지, 그 옛날 그렇게 참했던 아이가 굵은 몸통을 좌우로 흔들며 다가오고 있는 것이 아닌가. 하늘이 무너지는 것 같았다. 가볍게 악수만 하고 돌아서려는데 그녀가 "내 니 땜에 왔다아이가." 하며 반갑게 대한다. "오랜만이네. 반갑다."라고 인사하며 웃어주었지만 무너져버린 내 마음을 일으킬 수가 없었다. 순간 순아의 얼굴에도 그늘이 드리워졌다. 여자의 직감으로 구겨진 내 표정을 어찌 놓쳤겠는가.

처음 만난 동창회에 이십여 명이 모였다. 여학생은 고작 대여섯 명 정도였다. 모두가 결혼을 하여 도회지에 살고 있었다. 서른을 훌쩍 넘긴 나이에 결혼까지 하였으니 못하는 말이 없다. 오랜만에 만난 친구들은 밤새 소주잔으로 옛 추억을 떠올리며 즐거운 시간을 보냈지만 나는 순아에게 눈길 한번 주지 않았고 다정한 말 한마디 건네지도 못했다. 이 모든 것이 풋풋한 동심의 순수함으로 다가가지 못한 내 탓이었다. 지금 생각해도 순아 한테 너무 미안하다.

다음날 오후 헤어질 시간, "순아야 잘 가라" 하고 작별의 악수를 나누는데 폐부를 찌르는 말 한마디를 툭 던진다. "니 내보고 마이 실망했제. 말 안 해도 내 다 안다." 가슴이 뜨끔했다. 순간 따뜻한 마음으로 대해주지 못한 내가 너무 미웠다. 때 늦은 후회지만 이 사건으로 말미암아 한 평생 살아오는 동안 외양보다 속 깊은 여자가 좋다는 교훈을 얻게 되었다. 순아를 다시 만나면 이 교훈을 함께 나누며 천진했던 동심의 세계로 다시 돌아가리라.

졸업 후 60년이 지난 지금, 순아와 나는 좋은 친구로 살아 남아있다. 이제는 서슴없이 손을 잡고 황토길 걸어도 부끄럽지 않은 초등학교 동창생, 마음의 짐을 내려놓고 동심의 추억 속에서 사심 없는 우정을 노래하고 싶다.

"순아야 잘 있제. 내년 봄 동창회 때 꼭 오이라."

제2부
모정의 세월

모정의
세월

숙질叔姪은 동근출同根出

"아주버님, 인골人骨이 아픈 사람에게 그렇게도 좋대요."
 무서웠다. 흉측스럽고 흉물스런 생각에 정신이 몽롱해진다. 누가 어떻게 사람의 뼈를 구할 수가 있단 말인가. 씨알머리 없는 소리에 귀를 털어 막고 싶었다. 그러나 망자의 뼈가 불치의 병에 좋다는 말을 듣고 가만히 있을 수가 없었다. 비록 의학적 근거가 없는 낭설이라 할지라도 나날이 꺼져 가는 생명을 보고 못 들은 척 수수방관할 수가 없었다. 현대 의학이 발달하여도 손을 쓸 수 없는 소 세포 암(small cell cancer). 피가 끓는 청춘이었기에 암세포는 더욱더 빠른 속도로 번져만 가는데.
 인골을 구할 수 있는 곳은 오직 화장 막 뿐이라는 생각에 급박한 심정으로 진동 화장막으로 차를 몰았다. 마산을 관통하여 진동 고갯마루에 올라서니 저만치에서 속세의 모진 세월을 불태우는 듯 하얀 연기가 피어오르고 있었다. 누구의 시신일까, 마지막 작별을 고하는 흐느낌이 '아이고 아이고' 간헐적으로 들려온다.

어떻게 하면 사람의 뼈를 구할 수 있을까, 엄두가 나질 않는다. 정신이 멍하여 한동안 차에서 내릴 수가 없다. 마음을 단단히 추스르고 주위를 살핀다. 그 때였다. 화장막 입구 쪽에 조그만 슈퍼마켓이 눈에 쏙 들어온다. 그래, 저기야. 큰기침으로 긴장을 풀고 슈퍼로 들어갔다. 음료수를 하나 사서 마시며 주인 아주머니에게 통사정을 했다. "제발 좀 구해 주십시오. 죽어가는 사람 살려주십시오."라고. 그런데 참으로 이상한 일이다. 사람의 뼛가루를 구할 수 없느냐고 어렵게 부탁하는데 너무 쉽게 대답한다. "돈을 좀 줘야 하는데요."

슈퍼 아주머니가 어딘가에 전화를 한다. 마음을 조이고 있으려니 화장막 안쪽에서 풍채가 좋은 중년 남자가 까만 비닐봉지를 흔들며 어슬렁어슬렁 걸어오고 있다. 말 한마디 없이 비닐봉지를 아주머니에게 툭 던져 주고는 화장막 안으로 쑥 들어간다.

인골이었다. 아직 온기가 살아있다. 이름 모를 혼령에 대한 섬뜩한 생각에 가슴이 두근거린다. 눈을 질끈 감고 차 트렁크에 던져 실었다. 초봄이었는데도 식은땀이 흐른다. 나는 불쌍한 영혼을 훔쳐가는 공범자, 혼백이 살아나 '너 이놈, 내려놓지 못할까.' 하는 것 같아 등골이 오싹해진다. 어차피 한 줌의 재로 귀천할 몸일진데 당신의 뼈 가루가 명약으로 쓰여 진다면 그것은 엄청난 적선이 아니겠는가 하고 마음을 고쳐먹었더니 한결 마음이 가벼워진다.
　안면이 있는 약방에서 약봉지를 구하고 뼈 조각을 가루를 내어 감기약처럼 포장을 했다. 인골이라고 하면 먹지 않을 테니까. 어릴 적부터 나를 무척이나 따랐던 그는 그것이 명약인 양 아무런 의심도 없이 잘 먹는다. 삶의 애착이었던가, 이를 지켜보는 가족들의 마음은 더욱 아팠다. 그런데 참으로 불가사의한 일이 간장을 서늘케 했다. 그날 밤 그의 꿈속에 사람의 뼛가루가 온 동산에 하얗게 깔려 있었다고 한다. 듣는 순간 머리가 쭈뼛 선다. 이름 모를 영혼이 꿈속에 나타났을까, 도무지 풀 수 없는 미스터리다. 온갖 해몽이 꼬리를 문다. 나의 성의를 보아서라도 씻은 듯이 나아 툭툭 털고 일어나면 얼마나 좋을까. 몇 날이 지나도 병세는 차도를 보이지 않는다. 대책 없는 시간은 속절없이 흐르고 모두가 하늘만 쳐다본다. 숨결은 날이 갈수록 사위어만 가는데…….

극한으로 몰리면 출구가 안보이고 귀가 얇아진다. 얇은 귓불을 타고 들려오는 온갖 민간요법은 구세주 같았다. 초량 뒷골목에 있는 어느 사설 의원이 못된 병을 잘 고친다는 소문에 나보다 훨씬 무거운 그를 업고 삼층 계단을 올라갔다. 사경을 헤매이면서도 "삼촌, 무겁지예."하며 나를 살핀다. 그럴수록 내 마음은 더욱 아팠다. 화장실 간다고 하여 부축하였으나 일도 보기도 전에 그만 땅바닥에 주저앉고 말았다.

그는 여자고등학교 수학 선생님이었다. 명문대를 나와 실력과 인품을 겸비한 스타 선생님은 그렇게 몹쓸 병에 걸려 생사를 넘나들고 있었다. 입시지옥시절에 고3 담임을 수년간 연달아 한 것이 화근이었을까. 심한 스트레스 압축에 코피를 쏟더니 결국 악성 암세포의 침범을 이겨내지 못하고 내 곁을 떠나갔다. 향년 32세.

하늘도 울고 땅도 울었다. 여고생 제자들의 조문 행렬은 통곡의 바다였으며 영결식에 도열한 골목집 아낙네들의 눈물은 한탄강이었다. 며칠 뒤 KBS 방송을 통한 제자의 추모편지를 아나운서가 낭독할 때에는 눈물이 앞을 가려 제대로 읽지를 못했다. 못 다한 생명에 대한 애달픔이 전파를 타고 흘러 애청자들의 심금을 울린다.

　감천 고갯마루 복음병원 암 병실. 객사를 면하기 위해 그는 이승의 마지막 숨을 몰아쉬며 앰뷸런스를 타고 집으로 가고 나는 병실에 남아 그의 사물을 챙겼다. 북받쳐 오르는 설움을 참지 못해 엉엉 울었던 기억은 지금도 가슴을 아리게 한다. 사랑으로 감싸주고 정성으로 아껴온 장조카, 그는 32세 꽃다운 나이에 남아있는 모두의 가슴에 그리움을 남기고 하늘나라로 갔다. 너와 내가 함께한 시간, 아픔이야 많았지만 숙질간의 뜨거웠던 정을 나누었던 순간들이 한없이 그립구나. 그 옛날 시골 숙부님이 약주한잔 하시면 나를 껴안고 "숙질叔姪은 동근출同根出이요."라고 하시던 그 말씀이 아직도 귓전을 맴돈다.

　"삼촌 무겁지예, 삼촌만 믿어예." 살아생전 너의 음성이 아련하게 들려온다. 네가 내 곁을 떠나간 지도 어언간 30년 세월, 제삿날이면 환하게 웃고 있는 너의 영정사진 앞에서 한없는 그리움에 젖는다. 함께 했던 순간들을 떠올리며 혈육의 정에 목이 메인다. 숙질은 동근출, 너와 나는 한 뿌리이니까…….

마산댁

두메산골 가난한 농부의 칠남매 중 막내로 태어났다. 형제들의 도움으로 간신이 법학을 전공할 수가 있었다. 대학을 졸업하고 판검사의 등용문인 고등고시를 위해 절간으로 들어가 심신을 수양하며 최선을 다 하였으나 실패하고 만다. 재도전하고 싶었으나 "고등고시가 그리 쉽나. 고마 내려오너라." 조실부모한 나를 대학까지 공부시켜 준 형님의 호출을 거역할 수가 없었다. 짐을 쌀 수밖에. 하산 하는 날, 주지스님과의 약주 한잔의 추억은 평생 잊을 수 없는 작별의 그리움이다.

고시라는 관문이 나에게는 사치스럽고 오를 수 없는 높은 별자리였는지는 모른다. 그러나 살아오는 순간순간 그

때 좀 더 버텨볼 걸 하는 후회도 많았다. 오늘의 삶이 타고 난 운명이라면 나의 선택에 면죄부를 주고 싶지만 노력으로 개척할 수 있는 것이 운명이라면 나는 산사의 그 길로 다시 돌아가 법조인의 꿈을 실현하고 싶다.

　기업체에 취직을 하자말자 "이제 장가가야지." 형님의 성화가 빗발친다. 1973년 가을, 가까운 친척이 중매를 했다. 호기심 반, 장난 반으로 맞선을 보기로 한다. 가을비가 촉촉이 내리는 날, 단벌양복을 곱게 다려 입고 마산행 시외버스에 몸을 실었다. 스치는 산야가 온통 가을색이다. 추수를 앞둔 황금 들판이 바람에 출렁인다. 눈을 감으면 이름도 얼굴도 모르는 여인이 면사포를 쓰고 밝은 미소로 다가온다. 꿈속 같은 상상이 나래를 친다.

　생전 처음 해보는 맞선, 순진한 가슴이 심하게 방망이질을 한다. 기침을 크게 한번하고 미지의 동굴 속으로 들어갔다. 마당 한 가운데에 우물이 있고 우물가에 무화과나무가 보인다. 한복으로 곱게 차려 입은 그녀가 다소곳한 자세로 대청마루에 섰다. 엷은 미소를 머금고 나를 곁눈질한다. 뛰는 가슴을 안고 큰방으로 들어갔다. 신랑자격 심사를 심하게 한다. 긴장이 몰려와 가슴을 조이는데 때마침 작은 방에 찻상을 차려 놓았으니 단둘이 얘기를 하라고 한다. 얼씨구나 좋아 웃음이 나왔다. 처녀하나쯤이야 했는데 이런 낭패가 있나, 정색을 하고 덤빈다. "삶의 최고의 가치가 뭐라예, 봉급의 절반은 무조건 저축하는 거 어떻게 생각해예, 우등상은 몇 번이나 받았는데예." 수세에 몰려 애꿎은 아리랑 담배만 타들어간다. '요것 봐라 대시가 제법인데.'라고 생각했지만 곱상이라 밉지가 않았다. 그녀는 실전 경험이 많은 프로였지만 나는 아마였다. 녹다운 되지 않은 것은 천만 다행이었다. 사정없이 얻어터지는 기분, 후반전을 노릴 수밖에.

얼얼한 첫선을 마치고 집으로 돌아가는 기분이 야릇하다. 그녀의 모습이 눈앞에서 아른거린다. 같이 선 보러 간 형수님은 그녀를 무척 마음에 들어 했다. 그러나 취직한 지 겨우 2개월밖에 안된 나로서는 결혼할 엄두가 나지 않았다. 맞선 한 번으로 끝나는가 싶었는데 어느 날 그녀가 나를 한 번 더 만나고 싶다는 전갈이 왔다. 그래 이제부터는 후반전이야, 기선제압을 해야지 하는 생각에 부산으로 오라고 했다.

함께 식사를 하고 차를 마시며 조금씩 움트는 그녀의 순정이 나를 서서히 포박한다. 그녀는 나를 근면성실하고 총명한 사람으로 알고 있었다. 착각은 자유이겠지만 굳이 아니라고 말하지 않았다. 묵시적 동의는 결코 사기결혼의 단초가 될 수 없으니까. 조방 앞 시외버스 터미널에서 화장실을 간다면서 핸드백을 나에게 맡긴다. 그녀의 손끝에서 내게로 쏠리는 감정의 소용돌이가 심하게 느껴진다. 차창 너머로 비치는 그녀의 미소가 내 작은 가슴에 잔잔한 파도를 일으킨다.

그녀의 부모 형제들은 조실부모하고 무일푼인 나와의 결혼을 반대했다. 무소식의 기다림은 고통이었다. 그러던 어느 날 큰길 모퉁이 약방 총각 청혼이 들어오던 날이었다고 한다, "엄마, 나 고마 부산 그 총각한테 시집 갈란다." 나에게 운명을 맡긴 그녀 이름은 마산댁.

부엌으로 들어가고 부엌으로 나오는 단칸 방 신접살이, 비가 오면 빗물에 신발이 둥둥 떠다니는 골방, 공부를 게을리 하는 나에게 그녀가 묻는다. "공부를 왜 안 해요?" "책상이 없어서." 라고 했더니 그 다음 날 좁은 방에 책상이 들어와 있다. 그래도 공부를 안했더니 또 묻는다. 왜 책상에 앉지 않느냐고. 당신이 옆에 앉아 있어서.

좁디좁은 방에 책상이 들어와 본들 새 각시를 옆에 앉혀 두고 공부가 머리에 들어올 리가 없다. 얼마 후에 그녀는 방 두 칸짜리 전세 집을 구하러 다녔다. 남편의 입신양명을 위한 그녀의 노력은 과히 헌신적이다. 가난뱅이였지만 한 곳을 바라보며 그렇게 저렇게 열심히 살아왔다. 질곡의 순간마다 그녀는 몽매한 나를 바른 길로 인도해 주었고 든든한 버팀목이 되어 주었다. 고마워요 마산댁.

그녀는 초계정씨 가문의 둘째 딸이었다. 무일푼인 나에게 시집을 들어 삶이 고달프고 마음이 지칠 때 지나가는 말로 "약방총각한테 시집갔으면 이렇지는 않을 텐데" 라고 말한다. 원죄는 나였지만 마음이 편치 않았다. 반면에 장모님은 말벗되어 드리고 살가웠던 나를 무척 좋아 했다. 결혼 후 20여년이 지난 어느 날, 장모님이 마산 댁에게 "야야, 니 약방 그 총각한테 시집 안가기 참 잘했다. 그 사람 죽었다 카더라." 하신다. 그러나 그녀는 아무런 말이 없다. 이봐요 마산 댁, 이거 하나는 알고 넘어갑시다. 그대가 나를 선택한 것이 나에게는 행운이었지만 당신에게는 아찔한 천운이었소. 약방 그 양반 지금 하늘나라에 산대요.

50년을 한결같은 마음으로 내 곁에 있어준 그대는 내 인생의 초롱불, 바람이 불어도 눈보라가 몰아쳐도 꺼지지 않는 영원한 나의 동반자, 죽도록 아껴 주리라.

금메달

　인구의 과잉현상은 빈곤을 더욱 촉발시킨다. 생리적 자연 출산을 통제하여서라도 빈곤을 퇴치하는 것은 국가의 책무이다. 인권존중의 가치 상실이라는 이유로 국민의 행복권을 포기할 수는 없는 것이다. 다출산 문제를 해결하는 근본적인 방법은 출산을 억제하거나 임신의 간격을 늘리는 산아 제한이 최선이다. 저 출산과 독신자의 증가로 인한 인구 감소문제로 홍역을 치루고 있는 오늘날의 현상은 시류의 아이러니다.
　제2차 세계대전 이후에 많은 개발도상국에서 폭발적인 인구증가 현상이 일어났고 영유아의 사망률이 급격하게 줄어들었다. 그것은 경제성장과 사회 안정을 도모하는데 막대한 지장을 초래하였다. 우리나라도 1960년부터 산아제한을 목적으로 한 가족계획이 국가적인 사업으로 추진되었다. 잘 키운 딸 하나 열 아들 안 부럽다. 〈아들, 딸 구분 말고 둘만 낳아 잘 기르자〉라는 표어가 지금도 눈에 선하다.

나의 세대는 주로 산아제한 기간 동안에 출산을 했다. 대부분의 아들, 딸 구분 없이 둘만 낳고 출산을 중지했다. 그러나 나는 산아제한에도 아랑곳하지 않고 세 자녀를 두게 되었다. 친구들과의 술자리에서 농담으로 미개인이라는 소리를 들어도 대꾸할 방도가 없었다. 시대가 변하기만을 기다릴 수밖에.

1970년대의 고도 성장기를 거치면서 자녀 숫자와 성별에 대한 메달의 색깔이 바뀌기 시작했다. 산아제한 초기에는 1남 1녀가 금메달이었지만 산업화의 속도가 빠르게 진행되면서 2남 1녀를 금메달이라고 했다.

메달의 가치는 색깔로 구분된다. 금메달과 은메달의 높이의 차이는 한 계단에 불과하지만 가치의 차이는 하늘과 땅이다. 바르셀로나 몬주익의 영웅 황영조와 보스톤 마라톤의 월계수왕관의 주인공이었던 이봉주의 이름 석 자는 평생토록 기억하게 된다. 몬주익 언덕에 조각되어 있는 황영조의 뛰는 모습은 국가의 자긍심을 높여 주는 표상이기도 하다.

아들이 태어난 지 2년 후에 딸이 태어났다. 1남 1녀. 당시의 사회분위기를 감안하면 더 이상의 출산은 중지되어야 했었다. 그런데 2년 후에 예기치 않은 아이 하나가 엄마의 뱃속에서 놀고 있다. 기쁨보다 당황스러웠다. 몇 날 며칠을 망설였다. 받을까 말까, 지워버릴까. 문득 살아생전 어머니의 말씀이 생각났다. 우리 집 대문을 열고 들어오는 사람은 누구이던 간에 문전박대를 하지 말거라. 그러면 오는 복도 달아난다 하셨다. 거지들이 우리 집 사랑채를 뻔질나게 들락거린 이유를 알 것만 같다. 이미 대문을 열고 엄마의 몸속으로 들어와 있는 셋째를 받아들이기로 했다. 생명의 잉태는 하늘이 내리는 축복이다. 숭고하고 거룩하신 음덕을 내 어찌 배반할 수가 있단 말인가.

그때는 2남 1녀가 금메달이었다. 이왕이면 아들을 원했다. 하늘이 내게 고추 하나 안겨 주시기를 염원하며 동산같이 부풀어 오르는 아내의 배를 지성으로 쓰다듬는다. 제발 금메달로 태어나 달라고. 크리스마스를 며칠 앞둔 어느 날, 출산의 조짐이 보여 병원으로 갔다. 금메달이냐 은메달이냐 귀로에 선 가슴이 쿵쾅거린다. 조마조마한 시간이 흐르고 수술실 문이 열린다. 아내였다. "딸이라예." "수고했소." 그 말 한마디 던지고는 신생아실로 갔다. 간호사가 아이를 보여 주는데 고추가 안 보인다. 이 일을 어찌한담.

1960년대 산업화와 도시화가 본격적으로 진행되면서 가족의 문화가 대가족에서 소가족으로 빠르게 변해갔다. 부계 중심적이고 종가 중심적 문중의 규범이 서서히 허물어지면서 남아 선호 사상도 수그러들었다. 딸만 가진 가정도 늘어간다. 조상대대로 이어져 온 문중의 대손代孫이 끊어지는 현상을 상상이나 했을까. 씨받이나 양자라는 말이 숨어 버린 지가 오래다.

가족 구성원에 대한 금메달의 의미는 시대의 흐름에 따라 변해갔다. 근대 사회에서는 1남 2녀가 금메달이라고 한다. 법적 근거도 없고 보상도 따르지 않는 사회 통념이다. 대체적으로 아들보다 딸과의 교감이 더 섬세하고 살갑기 때문이 아닐까.

이왕이면 아들이기를 원했는데 딸이 되어 실망을 안겨 주었던 그 아이가 가정을 일구어 내 곁에 산다. 교단에서 아이들 교육에 진이 빠질 텐데도 수시로 문안인사를 한다. 틈만 나면 손자 손녀를 데리고 와 웃음꽃을 안겨 준다. 좋은 곳을 찾아 여행을 인도해 주고 이따금 스파게티나 카레

같은 특별 음식을 만들어 주기도 한다. 나의 서툰 컴퓨터 선생이기도 한 막내가 그렇게 살가울 수가 없다. 축복은커녕 웃음마저 가져가 버렸던 아이가 곱게 자라 이렇게 영예로운 금메달을 안겨줄 줄은 꿈에도 몰랐다. 하늘이 점지해 주신 보물을 복에 겨워 지워 버렸다면 그 후회를 어찌 감당할 수 있었으랴.

"자녀를 어떻게 두었소."라고 물어 오면 1남 2녀라고 말한다. 금메달이네요. 시대의 흐름은 내 편이었다. 며칠 전 막내딸의 생일날, 나는 금일봉 봉투에 이렇게 썼다. '네가 딸로 태어나줘서 너무 고맙다. 사랑 한다 막내야.'라고…….

닭서리

그믐밤이었다. 칠흑 같은 어둠 속을 도둑고양이처럼 살금살금 기어간다. 목표물을 목전에 두고는 손바닥을 비비적거린다. 따뜻해진 손으로 그놈의 날갯죽지를 살포시 잡는 순간, '꼬꼬댁꼬꼬댁'하고 난리를 친다. 사랑채에서 '으흠' 하고 기침 소리가 들리더니 이내 '도둑이야, 도둑이야' 하고 온 동네가 떠나갈 듯 고함을 질러댄다. 후다닥 도망칠 수밖에. 오십 오년 전 내 나이 스무 살 때 닭서리 실패의 한 장면이다.

닭서리도 아무나 하는 것이 아니었다. 따뜻해진 손으로 날갯죽지를 살며시 잡아채는 방법은 실패율이 높았다. 어떻게 하면 소리 소문 없이 성공할 수 있을까, 연구를 거듭

한 끝에 닭집을 통째로 들고 나오면 닭들이 꽥 소리 하지 않는다는 것을 알게 되었다. 실험을 통한 연구결과이다. 옛날 닭집은 각목으로 다릿발을 세우고 대나무 쪽을 엮어 집을 만들었기에 가볍다. 두 사람이 마주 들면 달랑 들린다.

대학 1학년 겨울 방학이었다. 의령 산골동네 소꿉친구 네 명이 호롱불 등잔 아래에 모여 앉아 닭서리 모의를 했다. 이번에는 산 고개 넘어 상촌 마을 닭을 서리하기로 했다. 달빛 고운 밤, 기역자 군용 손전등으로 길을 밝히며 산 고개를 넘는다. 맹숭한 기분으로 거사를 치르기엔 두려움이 앞서 막걸리 몇 잔에 반쯤 취한 상태다. 상촌 마을은 쥐 죽은 듯 조용했다. 그때만 해도 산골동네에는 텔레비전도 없어 저녁상을 물리면 바로 숙면에 들었다. 숨을 죽이고 까치발 걸음으로 살금살금 너댓 마리 들어있는 닭집을 고른다. 개가 있는 집은 피한다. 목표물이 정해지면 일사불란하게 행동 개시한다. 먼저 닭집을 통째로 들고 나와 외진 곳으로 이동시킨다. 닭들을 큰 보자기에 담는다. 여기까지이면 일단은 닭서리 작전 성공이다.

방심은 금물이다. 완전 범죄를 꾀하기 위해서는 증거물을 남기지 말아야 한다. 갈림길에 들어서면 닭털을 뽑아

집과는 반대방향으로 띄엄띄엄 뿌려 놓는다. 기만작전이다. 서리한 닭을 그날 밤에 바로 잡아먹지 말아야 한다. 그때 만해도 농촌에는 전기불도 없었던 터라 캄캄한 밤중에 불을 지피면 십 리 밖에서도 불빛이 보인다. 그것은 "닭 도둑놈이 여기에 있어요."라고 자수하는 것과 진배없다. 며칠을 두고 숨겨 놓았다가 잠잠해지면 그때 잡아먹는다. 야간작전의 수칙이다.

육십여년 전 그때는 닭서리를 하게 되면 온 동네 아지매, 할매들과 동네잔치를 벌였다. 귀한 쌀밥에 닭국이 어우러진 꿀맛 같은 회식이었다. 때로는 서리한 닭을 가방에 넣고 원정을 가기도 했다. 의령에서 강을 건너 함안에 있는 친구에게 간다. 고급안주를 가져갔으니 술은 당연히 그 친구 몫이다. 한번은 우리 집 고장에 가두어놓은 닭들이 탈출하는 바람에 그놈들을 잡느라고 공범자들과 온 동네를 뛰어다녔던 기억은 지금도 웃음을 자아내게 한다.

겨울 방학이 되면 소꿉친구들과 한데 어울려 심심풀이 닭서리 놀이를 했지만 한 번도 발각된 적이 없었다. 완전범죄였다. 남의 집 귀한 생물을 훔쳐 몸보신한다는 것이 범죄행위임에는 틀림이 없지만 반백년 전 그때 그 시절에는 일말의 죄의식도 없었다. 이웃동네라서 거의 대부분의 사람들을 알고 지내는 사이였기에 두렵지도 않았다. 철부지 장난이 아니었나 싶다.

닭서리도 기술이다. 완전 범죄를 꾀하려면 닭서리 4대 원칙을 준수해야 한다.

첫째: 근동近洞보다 원동遠洞을 택하라. 그래야 스릴 넘친다.
둘째: 닭집을 통째로 들고 나와라. 그래야 꽥 소리를 안 한다.
셋째: 서리한 닭을 그날 밤에 바로 잡아먹지 마라. 밤중에 불 밝히면 잡힌다.
넷째: 닭털과 닭 뼈는 땅속에 묻어라. 증거인멸 작전이다.

완전범죄는 죄가 될 수가 없다. 닭서리를 한 행위가 반백년을 넘겼으니 공소시효가 소멸된지도 한참이다. 그래도 하룻밤 사이에 쥐도 새도 모르게 닭집을 통째로 서리를 당했으니 그 마음이 얼마나 쓰리고 아파하셨을까, 때 늦었지만 이제사 그분들에게 고개 숙여 용서를 구한다. 닭값을 물리겠다고 하면 아주 후하게 쳐줄 용의도 있지만 지금은 모두가 먼 곳에 계신다. 아득히 손짓하는 동심의 추억으로 간직하고 마음속으로 부디부디 용서해 주십사 하고 청원

할 수밖에.

  소싯적 닭서리 수박 서리 참외 서리는 장난삼아 해본 소꿉장난이었으며 옛날부터 전래되어 온 일종의 전통놀이가 아니었나 싶다. 면책특권을 주면 좋겠다. 메마르고 각박해진 오늘날의 고향 인심으로는 어림도 없는 얘기겠지만.

  닭서리 공범자였던 그때 그 시절, 소꿉장난 우정이 그리워진다.

춘향골 송동 복숭아

그야말로 속수무책이다. 수많은 농토가 침수되고 가축들이 수몰된다. 심지어 만물의 영장인 인간들마저도 수마에 속절없이 숨을 멈춘다. 21세기 문명사회에서, 더군다나 선진경제대국에서 일어날 수 없는 일이다. 설마설마하는 요행심이 빚어낸 인재人災, 흙탕물이 범람하는 지하차도 차 안에서 두 눈 뜨고 꼼짝없이 죽음을 맞이해야 하는 공포심을 어찌 짐작이나 할 수 있을까, 소름끼치는 처참한 상황 앞에 할 말을 잊는다.

엄청난 재해에도 귀책사유를 두고 네 탓 내 탓 하는 아귀다툼이 가소롭기도 하지만 졸지에 생을 마감한 영혼들에게 면목이 없다. 정치의 본령은 모름지기 국민의 삶과 생명을 지키는 것인데 헌법정신을 유린하고 있는 공직기강에 몰매를 가하고 싶다. 자연재해를 면책사유로 분류하는 조례도 있지만 위기관리를 빈틈없이 하면 인재를 대폭 줄일 수 있다는 것이 나의 지론이다. 설마 설마하는 안이성, 하필이면 하는 기우성, 이 정도면 괜찮겠지 하는 요행성이 겹치면 위기관리가 둔감할 수밖에 없다. 방심은 금물이다. 사후약방식의 안전관리는 엄청난 국력 소모를 가져오기에 완벽주의 정신 고양이 절실해진다.

사건 사고가 쏟아지는 짜증스런 오후, 한낮 태양열이 35도를 오르내린다. 어디 납량특집이라도 볼까하고 티브이를 켜는데 삐리릭 하고 휴대폰이 울린다. 택배회사의 문자다. 내용인즉 "보내는 사람 한○○, 내용물 송동 복숭아, 배달시간 12시에서 1시 사이." 반가웠다. 사전에 아무런 기별도 없이 구매하기가 어려운 춘향골 송동 복숭아를 보내주다니 그 정성이 갸륵하여 가슴이 찡하게 울린다.

한○○, 서울에 살고 있는 며늘아이다. 폭염 속에 회사일로도 바쁠 텐데 이렇게 귀한 복숭아를 보내주다니 마음씀이 고맙고 기특하다. 노년에 누구의 관심의 대상이 된다는 것은 큰 기쁨이다. 가족이면 더욱 그렇다.

그렇게 큰 복숭아는 본적이 없다. 어린아이 머리통만 한 크기에 설탕을 뿌린 듯, 단맛이 넘쳐 침샘이 요동친다. 냉장고 문을 열 때마다 송동의 진한 향기가 가슴을 적신다. 춘향골 복숭아, 춘향이가 이 도령을 사모하듯 며느리의 시어른에 대한 효심이 노년의 행복감을 배가시켜준다. 며느리 사랑은 시아버지라는 말을 다시금 가슴에 새긴다.

예로부터 복숭아는 애정을 상징하는 과일로 장수를 의미하기도 한다. 신에게 복숭아를 받는 꿈은 무병장수와 부와 명예를 쌓게 된다는 길몽 중의 길몽으로 간주된다. 송동 복숭아를 보내준 며늘아이의 심사도 아마 시부모에 대한 사랑과 무병장수를 비는 무언의 기도가 아니었을까 짐작해 본다.

인정은 주고받을수록 깊어진다. 고부간의 사랑도 마찬가지이다. 내면에 흐르는 본연의 감정을 잘 지키고 배려하는 마음으로 관심을 가져주면 사랑이 여물어진다. 송동 복숭아 한 상자에 사랑을 담으면 얼마나 될까, 받으려고만 하지 말고 관심과 애정을 담아 주려고 노력하면 반드시 배가 되어 돌아오는 것이 사랑의 진실이다. 송동 복숭아가 말

한다. 나누고픈 인정은 가슴에 두지 말고 마음의 문을 활짝 열고 주는 것이라고. 그것이 가정의 행복을 지키는 묘약이라고. 아가야, 고맙다. 참 이쁘다. 너도 복숭아도…….

겨울 왕국

    1974년 12월 28일. 첫아이가 세상 밖으로 태동하던 날, 창밖엔 함박눈이 내리고 있었다. 부산에서는 보기 드문 귀한 손님이다. 길조였을까, 정화수 한 사발 떠다놓고 무병장수를 비는 지어미의 심정으로 병원으로 달려갔다. 간이침대에 누워 출산을 기다리는 산모가 즐비하다. 모두가 태아의 힘찬 발길질에 아픔을 감내하는 일그러진 표정들이다.
    아내는 분만실에서 출산 중이었다. 아들일까 딸일까, 누굴 닮았을까, 궁금증이 발동을 한다. 여삼추 같은 시간 속에 혹여 난산이면 어떡하지, 하는 조바심에 심장이 요동친다. 드디어 분만실 문이 열린다. 아내였다. 눈이 마주치는 순간 상기된 얼굴로 활짝 웃는다. "아들이라예." 가슴 벅찬 환희의 샤우팅이다. 이마에는 산고에 지친 땀방울이 송송하다.

금이야 옥이야 애지중지 키우고 교육시킨 그 아들이 마흔이 되도록 장가를 들지 않는다. 결혼 때문에 해외 파견 근무도 계속 미루어 왔었는데 이젠 한계점에 도달했다. 4년 동안의 이스탄불 해외 파견 근무 발령을 더 이상은 연기할 수가 없다. 먼 곳으로 훌쩍 가버리면 혼기를 놓칠 것 같아 똥줄이 탄다. 인연의 끈을 찾지 못해 안절부절 못했는데 어느 날 갑자기 행운의 여신이 찾아올 줄이야.

가을맞이 제주도 여행 중이었다. 서귀포 이중섭 올레길을 걷고 있는데 교육자인 친구 부인한테서 소개팅이 들어왔다. 직장동료의 큰 따님이 서울에 있으니 한 번 만나보는 것이 어떻겠냐고. 귀가 뻔쩍 띄었다. 곧바로 청주한씨 가문의 규수와 만남이 주선되었다. 아들에게 신신당부를 했다. "전력투구하라."

만난 지 삼 개월 만에 혼사가 성사되었다. 다급한 마음에 하루도 빠짐없이 사랑의 화살을 쏘아 올린 쾌거였다. 혼기가 꽉 찬 만혼이어서 후손이 늦어지면 어쩌나 했는데 결혼 후 곧바로 아이를 가지게 되었고 금쪽같은 손자가 태어났다. 천하를 얻는다고 하여도 이다지도 기쁠까.

손자가 보고 싶어 아들 가족이 살고 있는 이스탄불로 날아갔다. 유럽과 아시아 대륙의 징검다리인 터키의 이스탄불은 과거와 현재가 공존하는 역사적 도시였다. 로마 제국이 멸망한 후에는 비잔틴 문화의 중심지로 발전하여 수많은 유적이 남아있다. 현존하는 가장 오래된 성당인 비잔틴 제국의 최고의 걸작품, 아야소피아의 화려하고 고고한 예술적 장식에 탄성이 절로 나온다.

신이 만든 예술의 경지 카파도키아의 동굴호텔에서 1박을 하고 열기구를 탔다. 오색찬란한 수많은 열기구들의 아슬아슬한 고공유영, 상상을 초월한 황홀감에 입을 다물지 못한다. 하늘에서 내려다 본 카파도키아의 비경은 일체의 가공을 허용치 않은 자연 그대로의 신비로움이었다. 이스탄불을 두고 나폴레옹은 그랬다. "자연의 축복을 받은 신의 선물이다."라고.

시간을 쪼개어 터키의 이웃 도시 예루살렘을 유람했다. 유대교와 이슬람교의 성지인 통곡의 벽을 마주하니 육백만 명이 넘는 유대인들이 처참하게 죽어간 슬픈 역사가 큰 울림으로 다가왔다. 경제 노벨상의 65%를 차지하고 있는 우수 민족의 성전 앞에 나도 모르게 고개를 숙인다. 세계

곳곳에 살아남아 치열하게 쌓아 올린 그들의 업적은 하늘이 내린 축복이리라.

아들 가족과 함께한 이스탄불과 예루살렘의 여행은 한평생 두고두고 잊지 못할 꿈같은 시간이었다. 특히나 일흔한 살 늦은 나이에 보게 된 손자의 손을 꼭 잡고 터키와 예루살렘 곳곳을 다녔던 다붓한 사랑은 영원토록 가슴속에 품고 가리라.

아들 가족이 4년 동안의 이스탄불 해외 근무를 마치고 귀국 인사차 집으로 왔다. 갓난아이였던 손자가 다섯 살이 되어 품에 안긴다. 거실 마루가 들썩이고 방이 그득하다. 손자의 일거수일투족이 웃음꽃이다. 오랜만에 실컷 웃어 본다. 사는 맛이다.

애니메이션 영화 '겨울 왕국'을 예매하였으니 같이 가자고 한다. 아무리 모험과 판타지가 있는 인기 영화라고 해도 왠지 졸 것만 같아 "너희들끼리 갔다 오렴."하고 사양했다. 그러나 "할아버지 같이 가요."하는 손자의 말 한마디에 두말없이 따라나선다. 예고편이 한참을 흐른 후에 본영화가 시작된다. 십여 분이 지나자 아니나 다를까 눈꺼풀이 무너져 내리기 시작한다. 팝콘을 깨어 먹으며 눈꺼풀을 밀어 올려도 소용이 없다. 비몽사몽간에 영화의 스토리는 온

데간데없고 정신이 몽롱해진다. 손자와 눈이 마주쳤다. 말똥한 눈망울로 "할아버지 재미없어요." 한다. 팝콘으로 달래 보았지만 막무가내다. "그만 나갈래요." 하며 울음보를 터뜨리고 만다. 영화관이 술렁인다. 나올 수밖에. 화면에는 엘사와 안나가 마법의 숲속을 헤매 이는데.

〈겨울왕국〉은 손자에게도 나에게도 아주 먼 나라의 얘기가 되고 말았다. 두 번 다시 손자와 함께 애니메이션 영화를 다시 볼 날이 있을까. 비록 손자의 응석으로 영화를 끝까지 감상하지는 못했지만 손자와 함께 본 에니메이션 영화 〈겨울왕국〉은 나에게 평생 잊혀 지지 않는 '명화'로 기억될 것 같다.

겨울 왕국, 그곳에 칠십을 훌쩍 넘긴 할아버지와 다섯 살 난 손자가 함께 있었다. 머잖은 세월, 할아버지는 먼 길을 떠나고 없을 테니 훗날 손자가 자라나 오늘의 이 시간을 기억했으면 좋겠다. 그 옛날 할아버지와 함께 겨울왕국을 갔었다고.

딸바보

그것은 결코 우연이 아니다. 정답이 아리송하여 얼떨결에 굴린 연필의 힘도 아니다. 소 뒷발에 쥐 잡히듯 어쩌다가 얻어걸린 행운도 아닌, 뒤늦게 발동한 학구열이 기라성 같은 아이들을 따돌린 일취월장의 결과치였다.

영아는 일곱 살에 초등학교에 입학을 했다. 지어미가 아홉 살에 입학한 것이 한이 되어 딸자식은 되려 일 년을 앞당겨 입학을 시킨 것이다. 유년기 때의 일 년이란 시차는 지능발달 속도를 감안하면 엄청난 격차이다. 일체의 사전교육도 없이 조기입학을 시켰으니 학교성적이 하위권에 머물 수밖에. 그러나 이변이 일어났다. 4학년 1학기 기말고사, 중위권에라도 들었으면 했던 아이가 단숨에 반에서 일등을 했다. 혜성처럼 나타난 아이를 선생님도 학우들도 믿으려 하지 않는다. 허기야 나부터도 반신반의하였으니까.

그 날 이후로 영아의 눈빛이 달라졌다. 그렇게도 잠꾸러기였던 아이가 눈망울이 말똥말똥하다. 공부에 집착을 한다. 당당한 실력으로 인정받기에는 그렇게 많은 시간이 필요치 않았다. 그 후로는 단 한 번도 일등을 놓치지 않았으니까.

영아는 1남 2녀 중에 큰딸로 태어났다. 집중력이 강한 아이였다. 학습 목표를 정하면 끝장을 본다. 방학 숙제도 누구의 도움 없이 스스로 하려고 했고 과학실험도 직접 했다. 밤늦도록 열중하는 모습이 측은하여 제발 좀 잠을 자라고 해도 목표치가 남아있으면 밤을 샌다.

노력의 대가였을까, 영아는 고등학교를 졸업할 때까지 전교에서 일, 이등을 놓치지 않았다. 학교에서는 최고의 명문 S대학을 권유하였으나 본인은 세브란스 의대를 원했다. 의대는 예과 본과를 마치고 인턴과 레지던트를 끝내려면 십 년 세월이다. 딸아이를 아무런 연고도 없는 먼 곳에 오래 두고 싶지가 않아 국립대학 P의대를 지원했다. 장학생으로 합격을 하여 많이 기뻤다. 그러나 정작 본인은 그렇게 기뻐하지를 안는다. 서울로 못 간 응어리가 가슴속 깊이 남아 있었던 것이다. 영아가 웃음을 되찾기에는 많은 시간이 필요했다. 고집이 보통이 아니었으니.

자식 키우는 보람에 무엇이든 다 해 주고 싶었다. 하고 싶고 갖고 싶은 것이 무어냐고 물었더니 뜻밖이다. 그렇게 검소하고 말이 없던 아이 입에서 갖고 싶은 물목이 쏟아져 나온다. 롱코트, 넥타이와 와이셔츠, 하이힐과 부츠 그리고 한 달 간의 유럽여행. 기쁜 마음으로 다 들어주기로 했다. 지어미도 유럽여행을 따라 나선다. 자기도 힘들었다고.

개성이 강한 두 모녀가 유럽 여행길에 오른다. 그들은 싱글벙글이었지만 나는 왠지 불안했다. 이산가족이 되면 어쩌나 해서. 특히 영어가 서툰 아내가 걱정이었다. 영아에게 신신당부를 했다. "엄마와 싸우지 말고 손 꼭 잡고 다니라고." 그러나 우려가 현실이 되고 말았다. 런던 피카델리 광장에서 두 사람이 찢어지고 만 것이다. 그 이유가 참으로 황당하다. 기념품 상점에서 엄마는 살려고 하고 딸아이는 사지 말자고 하는 바람에 모녀가 멀어지고 말았다니 기가 찰 노릇이다. 뭔가는 거꾸로 된 기분이다. 영어가 서툰 아내가 런던 번화가를 혼자서 헤맨 얘기, 어렴풋이 떠오른 호텔 이름으로 간신히 숙소로 돌아갈 수가 있었다는 위기의 순간들, 얼마나 마음 조아렸으면 아끼고 아끼던 니콘 카메라를 잃어버렸을까. 사진작가에게는 생명과도 같은 그것을. 그 시간 이후부터는 딸아이의 꽁무니를 쫄쫄 따라다녔다고 실토를 한다. 모녀의 쌍고집이 빚어낸 유럽 여행의 해프닝이다.

P의대 도서관은 공부 벌레들로 언제나 만원이다. 조금이라도 서성대면 앉을 자리가 없다. 한 남학생이 바로 옆자리를 찜해 놓고 누군가가 나타나기만을 호시탐탐 노리고 있었다. 남몰래 영아를 좋아했던 그가 도서관 자리를 미끼로 하여 사랑의 낚시줄을 잡아당길 작정을 하고 있었던 것이다. 천성이 순박하고 숙맥이었던 영아가 그만 그가 던져놓은 미끼를 덥석 물고 말았다. 도서관 데이트가 사랑으로 숙성되어 결국 캠퍼스 커플로 탄생하여 오늘에 이른다. 모교 대학병원에서 임상교수로 봉직하고 있는 그의 끈질긴 구애 작전은 두 사람의 행복을 쟁취하기 위한 큐피트의 화살이었다.

영아는 서울 K대학병원에서 레지던트를 마치고 장학금으로 의학박사 학위를 취득하였다. 자녀에게 보다 큰 세상을 열어주고 청운의 꿈을 꾸게 하는 것은 부모의 역할이다. 그러나 제아무리 훌륭한 부모일지라도 당사자가 따라주지 않는다면 소기의 꿈을 이룰 수가 없다. 영아는 부모님의 역할보다 스스로의 노력과 열정으로 자기의 꿈을 이룬 학구파였다. 영아는 내 삶의 가치를 한 단계 업그레이드 시켜준 생명수.

고맙다. 내 딸, 영아야. 네가 있어 저무는 세월이 보람차구나. 아픔을 사랑으로 감싸주는 진정한 의료인이 되어 건강한 세상을 만들어 가려무나.

칠남매

　동구 밖 수수밭에는 수확을 앞둔 수수가 농부의 손길을 기다리고 있었다. 하늘에는 인민군 비행기가 날아다니고 다발총을 울러 맨 인민군이 골목을 어슬렁거렸다. 때로는 집안으로 들어와 밥을 얻어먹기도 했다. 어둠을 뚫고 큰 매형이 헐레벌떡 우리 집으로 숨어들었다. 1950년 6.25가 터지고 민족상잔의 비극이 극에 달했을 때의 상황이 기억 속에 어렴풋이 남아있다. 내 나이 일곱 살 때의 기억이다.

　큰 누님은 열여덟 살에 고개 너머 전원 이씨 가문으로 시집을 갔다. 매형은 그 시절에 보기 드문 똘똘이였다. 그러나 1949년 이승만 정권이 국민 보도 연명을 창설하여 좌익분자를 색출하기에 혈안이 되어 있을 무렵 매형은 좌익으로 몰려 야밤을 뚫고 우리 집으로 피신을 온 것이었다. 결국 매형은 포위망을 뚫고 일본으로 밀항을 하고 말았다. 그 후 조총련 간부로 있다가 고국 땅 한 번 밟아보지 못하고 세상을 떠났다. 누님은 자식도 하나 없이 오매불망 서방님 봬올 날만 기다리며 평생을 홀로 사셨다. 시국이 갈라놓은 생이별, 위암에 걸렸어도 제대로 된 치료 한 번 받아 보지 못하고 환갑 년에 외로운 일생을 마감하셨다. 살아생전 친정에 오면 쌀 한 톨이라도 가져가서 시어머니한테 잘 보이려고 애쓰시던 누님의 모습이 지금도 눈에 선하다.

옛날에는 딸자식은 출가외인이었다. 시집을 가면 좀처럼 친정나들이를 하지 못했다. 어느 날 한 여인이 큼지막한 보따리를 이고 들고 신작로 길을 걸어오고 있었다. 동네 어귀에서 머뭇거린다. 둘째 누님이었다. 도망 나온 걸까, 쫓겨 나온 걸까, 둘째 매형은 6.25 참전 용사로 낙동강 전투에서 전사했다. 누님에게는 다섯 살 난 아들이 하나 있었고 국가에서 유족연금이 나와 그나마도 외로움을 달랠 수가 있었는데 시어머니 구박으로 아들을 빼앗기고 친정으로 쫓겨 올 줄은 꿈에도 몰랐다. 얼마 후에 아들이 죽었다는 전갈이 왔다. 청천벽력이다. 괴상한 소문이 돌았지만 왜 죽었는지 알 수가 없었다. 지금 같았으면 사법기관을 통한 조사가 있었겠지만 70년 전 그 때 그렇게 묻혀버린 가슴 아픈 사건이었다. 그 후 누님은 재가를 하여 남의 자식 키우며 사시다가 67세에 세상을 떠나가셨다.

셋째 누님 이름은 말봉이다. 여섯 번째로 태어났으니 그럴 만도 하다. 그런데 6년 후에 내가 태어났으니 '말'자는 떼어 버리고 그냥 '봉아'라고 불렸다. 착한 남편을 만나 아들 둘, 딸 하나 잘 키워 다복한 가정을 꾸렸다. 근검절약은 천성이었다. 버스비가 아깝다고 웬만한 곳은 걸어 다녔다. 그래도 나는 부대에서 휴가를 나올 때면 꼭 누님 댁은 들렀다. 최소한 오천 환은 벌 수가 있었으니까. 어릴 적에 참 많이도 싸웠다. 이불을 뒤집어쓰고 맞은 기억도 있다. 그래도 단 한 번도 미워한 적이 없다. 피를 나눈 형제의 정이 그런 것이 아니던가. 71세에 세상을 떠나버린 다정다감했던 막내 누님이 많이 보고 싶다.

논 한 마지기 밭 한 뙈기 없는 소작농 집안에서 칠 남매가 태어났으니 제대로 된 교육은 상상할 수도 없었다. 누님 세 분은 모두가 일자 무학이었지만 큰 형님만은 삼촌의 도움으로 부산에서 상고를 다녔다. 가정 형편상 간부후보생으로 해병대 장교로 임관했다. 빨간 줄무늬 장교 복장에 금테 모자를 쓴 형님의 모습은 정말 멋졌다. 그러나 오염된 군대문화에 염증을 느끼고 대위로 계급정년을 하고 말았다. 그 후 선비 기질이 농후한 형님은 험한 세상을 견디지 못해 어려운 삶을 사시다가 54세 젊은 나이에 세상을 하직하고 말았다. 형수님은 음식솜씨가 좋고 후덕한 분이다. 슬하에 2남 3녀를 거느리고 형님 안 계신 외로움을 자식 사랑으로 이겨내시며 형님 몫까지 살고 계신다. 방년 92세, 만수무강 하시옵소서.

조그만 산골 동네에서 천재가 났다. 둘째 형님은 향학열이 유별하여 나무지게를 부셔버리고 부산으로 도망을 쳤다. 낮에는 아이스케잌 장사를 하며 강의록과 야학으로 중고등학교 과정을 이수했다. 그럼에도 부산의 명문 P대학 정치외교학과에 거뜬히 합격을 하였으니 고향에서는 천재라고 소문이 났다. 자유당 정권이 무너지고 장면 정부 때 처음으로 인재를 뽑는 국가시험에 합격을 하여 공직 생활을 하게 된다. 아버지와 어머니의 잘생긴 부분을 타고 나서인지 이목구비가 뚜렷한 훈남이었다. 아름다운 여인과 맞선을 보게 되었지만 형님은 반응을 하지 않았다. 이에 애가 탄 규수 어머니가 직접 손편지를 써서 보내왔다. 사위가 되어 달라고. 60년 전 그 시대에 장모될 사람이 직접

편지를 써서 보낸다는 것이 아무나 할 수 있는 일이 아니었는데 한 시대의 훌륭하신 어머니의 자화상을 보는 것 같았다. 36년간의 공직생활을 부이사관으로 마감하시고 83세의 일기로 생을 접으셨다. 청렴과 가문의 영예를 남기고 가신 형님의 입지전적인 인생역정이 존경스러워 동생으로서 자부심을 느낀다.

고향을 생각하면 언제나 떠오르는 그리운 사람, 셋째 형님은 공부에는 취미가 없고 연필보다 호밋자루가 더 좋아 초등학교를 중퇴하셨다. 큰 아들이 중학교 때 스스로 목숨을 끊어버린 가슴아픈 사연도 있었지만 굳건하게 할머니와 부모님을 봉양하고 선산을 지켜오셨다. 집안 대소사를 챙기고 형제간의 우애를 하늘같이 받드신 다정다감한 분이었다. 67년을 사시다가 위암으로 돌아가셨다. 어머니 품 속처럼 포근했던 형수님은 54세의 일기로 세상을 떠났다. 고향에 가면 언제나 아낌없는 사랑으로 향수를 달래주시던 두 분이 떠나간 후 망향의 그리움은 망각의 뒤안길로 숨어든다.

부모 형제 모두가 떠나버리고 홀로 남은 지금, 함께 부대끼며 사랑받고 살아온 수많은 날들이 그립지만 생로병사는 천상의 이치인 걸 내 어찌하랴. 칠 남매의 막내둥이로 태어나 조실부모하였지만 못다 받은 부모님의 사랑은 형제간의 사랑으로 갈음하였고 태생적 가난은 절약과 가족간의 사랑으로 극복하였다. 지나치게 이해타산적이고 핵가족화 되어버린 작금의 매몰찬 가족상이 개탄스럽다. 나는 아들딸들에게 형제간의 돈독한 우애가 가문의 화합을 지키는 파수꾼이라는 유훈을 남겨 주고 싶다.

    이 풍진 세상 여섯 형제 모두 떠나가고
    나 홀로 남은 인생길
    일곱 줄에 얽히고설킨 인연 부여잡고
    서쪽으로 가는 세월
    어느새 황혼에 머무네.

    나 죽어 전생의 인연 모두 끝나거든
    후생의 일곱 형제 연옥에서 다시 만나
    이승의 맺힌 한 모두 모두 정화하고
    부모님께 결초보은하리.

모정의 세월

　서부경남 의령군 정곡면 석곡리石谷里 127번지, 간짓대를 걸쳐도 이산 저산이 맞닿는다는 산골에서 십리 길을 걸어서 초등학교를 다녔다. 무명한복 소맷자락에는 콧물과 눈물과 땟물이 절어 빤질빤질했다. 머리를 깎을 때면 바리깡(이발기)이 낡아 머리를 깎는 것이 아니라 쥐어뜯는 바람에 많이 울었던 기억이 생생하다.
　그런 산골동네에서 자란 촌놈 아이가 초등학교를 졸업하고 부산의 명문 K중학교에 응시를 했다. 낙방이다. 내 인생의 첫 번째 실패작, 그러나 막내 동생에 대한 형님들의 과잉사랑이 깃든 꼬리표이기에 부끄럽지가 않다.
　중학교 낙방 후에 부모님이 계신 시골로 내려갔다. 보리밭을 메고 풀을 뜯어 소를 먹였다. 여름이면 개울에 나가 자맥질을 하고 겨울이면 손발이 터지도록 앉은뱅이 썰매를 탔다. 하루에 한두 번 먼지를 날리며 마을 앞을 지나가는 완행버스를 보고 무심코 손을 흔들어 준다. 어릴 적 나의 모습이다.

동심의 세계로 돌아가면 언제나 짠하게 다가오는 그리운 얼굴 나의 어머니 성몽주成夢周, 고려 말 성리학의 시조 포은 정몽주와 이름도 같지만 우리가문의 포은圃隱같은 삶을 살다 가셨다. 바람이 불면 날아갈 것만 같은 가녀린 몸으로 4남3여를 낳으셨다. 나는 칠남매 중 막내아들로 춘궁기에 태어났다. 가냘픈 몸에다 빈곤과 노산으로 젖이 고갈되어 동네 아주머니들의 젖을 얻어먹고 자랐다. 그래서 '동네아이'라는 별명을 얻는다. 성인이 되어 나에게 귀한 젖꼭지를 내어주신 그 분들에게 세배를 가면 어릴 적에 얻어먹은 젖 값을 달라고 하여 한바탕 웃곤 했던 지난날들이 그립기도 하다. 지금은 모두가 저승에 계신다.

어머니는 산골 동네여성으로서 보기 드물게 한글을 깨우치셨다. 책을 읽으시고 옛날 얘기를 잘하여 나이불문하고 많은 사람들이 어머니 곁으로 모여 들었다. 집안의 대소사를 슬기롭게 다스렸고 무엇보다 배움의 중요성을 알고 계셨다. 추석날이었다. "너거 막내 동생 저래 놔 둘끼가, 학교에 보내야 안 되겠나." 어머니의 훈계 말씀 한 마디에 나는 큰형님을 따라 진해로 갔다. 해병대 장교였던 큰형님은 출근 전에 중학교 일학년 과정, 국어 영어 수학 숙제를 내어 주었다. 어느 날 어린조카들의 재롱에 빠져 그만 숙제를 놓치고 말았다. 그날 저녁 형님한테 슬리퍼신 발로 된통 얻어맞았던 기억은 지금도 생생하다. 면학勉學을 위한 사랑의 매질이었다. 형님의 군대식 훈육이 있었기에 나는 중학교 1년 과정을 건너뛰고 2학년으로 바로 입학할 수가 있었다. 어머니와 형님의 은덕이 아니었으면 나는 한평생 농부의 삶을 면치 못했으리라.

 고등학교 일학년 일 학기가 시작될 무렵, 한 장의 전보가 날아들었다. "어머니 위독, 빨리 오너라." 어머니가 막내아들인 나를 많이 보고 싶어 한다면서 선산을 지키는 셋째 형님이 보낸 전보였다. 야윈 어머니의 모습이 떠올라 눈물이 앞을 가린다. 고향으로 가는 시외버스에 올랐어도 닭똥 같은 눈물이 뚝뚝 교복을 적신다.

 덜컹덜컹 먼지를 날리며 버스가 동네어귀에 도착했을 때는 어둑어둑 어둠이 내려앉고 있었다. 신작로를 건너 보리밭 사잇길로 집으로 가는 발걸음이 흐느적거린다. 싸리

문을 열고 집 마당으로 들어가는 순간 눈물이 앞을 가려 그만 땅바닥에 털썩 주저앉고 말았다. "우리 막내 왔나." 어머니의 가냘픈 음성이 나를 일으켜 세운다.

　어머니의 손은 파르르 떨고 있었다. 한참동안 내 얼굴을 쓰다듬으시더니 장롱 문을 열고 광목천 한 필을 꺼내보였다. 내가 커서 장가를 들면 두루마기 해 입으라고 준비해 둔 것이었다고 한다. "니 장가가는 것 보고 죽어야 할낀데……." 광목천 위에 뚝뚝 어머니의 탄식이 얼룩진다.

　며칠 동안 어머니의 품속을 파고들며 어리광을 부리고 다시는 못 볼 것 같은 슬픔에 젖어 내가 좋아하는 노래 '비 내리는 고모령'을 불러 드렸다. 부산으로 돌아오는 날, 영원한 이별을 예감하고 흐느끼며 싸리문을 나서려는데 어머님이 방문을 화들짝 열어 재끼며 "막내야 가나." 하신다. 그것은 엄마가 내게 들려준 이승의 마지막 음성이었다.

　이 세상에서 가장 존경하고 사랑했던 나의 어머니는 그렇게 환갑 년에 운명을 달리 하셨다. 내 나이 열일곱, 위로 여섯 형제는 모두가 결혼을 하여 가정을 꾸렸으나 나는 고아 같은 서러움에 많이도 울었다. 어머님의 꽃상여가 동구 밖을 나설 적에는 온 동네 사람들이 줄을 지어 통곡을 했다. 어머니의 명복을 빌어주는 눈물의 합주곡이다. 어머니가 돌아가신 후, "비 내리는 고모령"은 나의 사모곡이 되었다. 엄마가 보고 싶을 때면 나는 언제나 이 노래를 부르며 그리움을 달랬다.

"어머님의 손을 놓고 돌아설 때엔 부엉새도 울었다오, 나도 울었소. 가랑잎이 휘날리는 산마루턱을 넘어오던 그날 밤이 그리웁구나.

"막내야 가나." 마지막 남긴 엄마의 음성, 60년이 지난 지금도 아롱아롱 귓전에 맴돈다. 모정의 세월은 한도 끝도 없어라.

제3부
꽃은 피고 지고

꽃은
피고 지고

칼새의 날개

 칼새는 쉼 없는 날개 짓하며 하늘에서 먹고 자고 짝 짓기 하는 여름철새이다. 높은 산악지대에 서식하며 매미 파리 꿀벌을 공중에서 낚아채는 날쌘돌이다. 그럴진대 팔순을 넘긴 그녀가 어느 날 갑자기 칼새처럼 날고 싶다니 어안이 벙벙하다. 인품으로는 추호도 허튼 말씀을 하실 분이 아닌데 필시 그럴싸한 연유緣由가 있으리라 추념해 본다.
 칠순을 앞두고 평생 동안 몸 바쳐온 무역업을 정리했다. 여행길 말고는 딱히 하릴없는 무료함을 달랠 길이 없어 전전긍긍 하던 때에 산행길에서 우연히 친구의 친구를 만났다. 그때 그가 가지고 있던 기이한 나무지팡이에 현혹되어 급하게 장비를 구비하여 지팡이 창작에 돌입했다. 지팡이

재료를 찾아 험준한 산속을 들쥐처럼 뒤적이다가 운 좋게 됨직한 재료를 찾게 되면 그렇게 기쁠 수가 없었다. 잘 다듬어 세상에서 하나뿐인 지팡이로 환생시킬 때는 하늘을 나는 기분이다. 번잡스런 세속世俗보다 말없는 산이 좋았고 희귀한 지팡이 재료를 찾아 산속山俗을 헤매 돌던 시간은 인생 제2막의 영혼을 달래주던 안식처였다.

 칠십대 후반에 들어서면서 인문학 교수님의 권유로 무심코 쓴 글이 신인상을 받으며 등단을 하고 부경수필아카데미 심화반에 등록을 했다. 열정적인 교수님의 지도를 받게 된 것은 일생일대의 행운이었다. 그곳에서 칼새의 날개이고 싶은 그녀를 만나게 될 줄이야.

 그녀는 문학도반중에서 최고의 연장자였다. 삶의 무게 때문인지 걸음이 어둔語鈍하여 보조를 맞추어 걷고 말벗도 되어 주고 싶었다. 장유유서는 아무리 세월이 흘러도 거역할 수 없는 윤리가 아닌가.

 어느 날 정성으로 깎아 만든 꽃지팡이를 그녀에게 선물했다. 처음에는 사양을 하기에 나의 실수인가 했는데 진심을 전해드렸더니 기꺼이 받는다. 겸양지덕謙讓之德을 한수 배운다. 내겐 고명딸 같은 지팡이가 혹여 천대를 받으면 어쩌나 했는데 기우였다. 지팡이에 대한 극진한 애정과 고

마음을 고매한 수필로 보답할 줄은 꿈에도 몰랐다.

　그녀는 지팡이에 새겨진 꽃송이 하나, 풀포기 하나에도 기품 있는 비유를 담아 아름답고 고귀한 지팡이로 묘사했다. 무엇보다 다리도 부실한데 세 번째 발을 얻게 된 것처럼 기뻐했다. 그 발에 몸이 실리면 허리가 펴지고 다리에 힘이 올라 걸음이 편해진다고 했다. 거실에 놓아둔 지팡이가 실내장식과 어우러져 환상적인 설치작품이 되어 살아 숨 쉬는 오브제라고 칭송을 했다. 심지어 지팡이의 혼을 받아 알프스 칼새처럼 창공을 훨훨 날고 싶다고 토로하셨다.

　셋째 발처럼 꽃지팡이를 사랑하는 마음이 그녀의 수필 "꽃 지팡이"속에 고스란히 담겨있어 함께 수학하는 문도들의 힘찬 박수를 받았다. 존경과 사랑을 담아 드린 지팡이가 그녀에게는 셋째 발이 되고 칼새의 날개가 되어 행복한 여생을 누리시면 더없이 좋겠다는 생각을 지울 수가 없었다.

　험한 산속을 신기神氣내린 사람처럼 뒤적이며 세상에 하나뿐인 지팡이를 탄생시키는 마음은 산고 끝에 낳은 자식 같은 마음과 진배없다. 곱게 자란 딸자식을 시집보낸 친정엄마의 심정을 알 것 같다. 시어른을 잘 만나 듬뿍 사랑받고 있는 꽃 지팡이를 생각하면 마음이 뿌듯해진다.

그녀는 오늘도 변함없이 꽃지팡이를 집고 한발 한발 자국마다 고마움을 꼭꼭 눌러 밟으시겠지. 칼새처럼 창공을 날고 싶은 그녀의 바람이 황혼의 노을 속으로 숨어들지언정 딱, 딱, 딱 그녀가 내딛는 칼새 소리는 벽을 넘고 강을 건너 하늘높이 솟아오르리라.

칼새처럼 날고 싶다는 그녀의 말은 결코 허튼 소리가 아니었다. 꽃지팡이를 칼새의 날개삼아 한발 두발 나머지 인생길을 힘차게 걸어가시길 빌어 마지않는다.

꽃은 피고 지고

코로나19의 기세가 지 아무리 등등하여도 문텐 로드에는 봄이 오고 있었다. 차량의 행렬이 가다 서다를 반복하며 기어오른다. 그래도 차창으로 비추이는 얼굴은 모두가 화색이다. 함박눈을 닮은 꽃잎이 미포 바닷바람을 타고 차창에 흩날린다. 겨울날에 부산에도 이처럼 함박눈이 내려주면 얼마나 좋을까. 눈길을 걸으며 겨울 정취에 젖어 본 지가 까마득한 옛날이다.

꽃향기도 좋지만 행여나 꽃잎 하나 앙가슴에 안겨 올까 봐 차창 문을 활짝 연다. 손바닥을 창밖으로 쭉 내밀어도 보지만 잡힐 듯 말 듯 스치고 지나간다. 밉상이다. 간들바람에 살랑대며 연분홍 입술로 유혹할 때는 언제이고 이렇게 스치듯 가버리는 심보는 무슨 까닭인고……. 세월에 사위어가는 가슴이 안쓰럽지도 않느냐. 너 또한 낙화되어 허공에 흩날리는 주제에…….

　꽃이 아름다운 건 여자이기 때문일까. 수많은 세월동안 남자를 두고 멋지다는 말은 들어봤어도 아름답다는 말을 들어본 적이 없다. 입술이 매혹적이다 가슴이 예쁘다 각선미가 아름답다는 말은 여성만이 가질 수 있는 고유의 감정 표현이다. 꽃이 없는 세상, 여자 없는 세상은 얼마나 삭막할까. 남자들만 우글거리는 세상은 얼마나 난장판일까. 생각만 해도 아찔하다. 창조주의 기특하고 현명하신 배려에 한껏 찬사를 보낸다.

　꽃이 피고 지는 의미는 알고 싶지 않다. 피어나면 아름답고 향기롭지만 지고나면 허무할 따름이다. 그래도 꿈결에 스쳐간 그대의 모습처럼 사시사철 시들지 않는 꽃으로 남아있으면 좋겠다. 아서라. 아네모네 같은 속절없는 사랑도, 접시꽃 같은 열렬한 사랑도, 물망초 같은 진실한 사랑도 영원할 수는 없는 것, 세월가면 그들 또한 지고 마는 한 송이 꽃잎에 지나지 않으리. 화무는 십일홍 이라고 하지 않았던가.

　코로나 바이러스가 세계를 점령하여 온 세상이 비틀거

린다. 삼라만상에 지은 죄가 많아 공동으로 겪는 고통이거늘 어찌 비켜갈 수 있으랴. 이럴 때일수록 마음을 비워야겠다는 생각에 잠긴다. 세상만사에 일희일비하던 감정을 이제는 그러려니 하고 안으로 다스린다. 과민한 반응이 감정의 골을 무너뜨리고 과다한 욕망이 추락할 때 닥치는 번민을 이제는 감당할 재간이 없다. 그래, 이 풍진세상 모든 시름 내려놓고 편한 마음으로 노닐다 가리다. 높새바람 불어오면 낙화인생인 것을.

피고 지는 꽃잎은 세월이다. 한번 피어난 꽃잎은 24절기를 지나야 다시 피어날 수 있다. 절기가 한 바퀴 돌면 한 해가 가고 세월이 간다. 불변의 자연법칙이다. 우리의 인생살이도 영겁의 세월을 두고 잉태되고 졸하는 윤회의 언덕길을 넘나드는 기나긴 여행, 꽃이 피고 지는 의미를 이제사 알 것만 같다. 다음 세대를 위한 양허의 미덕, 비우면 언젠가는 채워진다는 순리, 아름다움도 한 시절이라는 운명, 시공은 결코 비켜갈 수 없다는 우주의 섭리를 한 잎 낙화가 말해주지 않느냐. 조금씩 시들어가는 꽃잎 같은 인생을 노래에 실어본다. "꽃이 피면 같이 웃고 꽃이 지면 같이 울던 알뜰한 그 명세에 봄날은 간다." 시대를 넘어 최고의 가사로 운위되고 애창곡으로 불리어지는 이유를 알 것만 같다.

　우리네 인생도 꽃과 다를 바 없다. 약관을 지나 불혹으로, 지천명을 넘어 희수로 가는가 했더니 어느새 미수로 가고 있다. 삶의 역정이 피고 지는 꽃잎과 어찌 다르다고 할 소냐. 낙화유수와 생로병사의 이치가 여기에 다 달았는데 아직도 떨어지는 잎새에 연민하고 계절의 속삭임에 가슴 설레는 까닭은 무엇일까. 하늘인들 알까, 그것이 황혼이라는 것을. 그것이 인생이라는 것을.

　마음에 좀이 쑤시고 콧날이 벌렁거려 갈맷길을 나선다. 오가는 길섶에 피어난 연보라색 제비꽃도 신이 났다. 간들바람에 살랑살랑 어깨춤을 춘다. 코로나 바이러스가 세계 방방곡곡을 휘젓고 다녀도 봄은 어김없이 찾아들었다. 문텐로드에도 들에도 산에도 바다에도. 나의 마음은 어느새 섬진강 매화마을을 지나 구례 산수유 마을을 향해 달리고 있다. 졸졸 흐르는 산수유 개울물에 향수를 띄우며 아련한 추억 속을 거닐고 싶다.

　꽃은 피고 지고. 그것은 흘러가는 세월이었으며 사람 사는 세상이었다.

넌 정말 좋은 친구야

　매일같이 아침을 열어주는 친구들의 카톡소리에 새벽잠을 설쳤다. 창틀에 앉은 비둘기 한 쌍이 푸드덕 아침을 깨운다. 공복에 따뜻한 물 한 컵이 건강을 돋운다는 말을 철석같이 믿고 온수 한 컵을 들이킨다. 사과 한 알을 보약처럼 먹고 오륙도 골바람을 심호흡한다. 하루의 시작점, 오늘은 무엇을 할까, 누구를 만날까, 어디라도 갈 곳이 있는 날이면 마음이 설렌다. 그러나 딱히 갈 곳 없는 날이 태반이다. 그래도 수필창작이란 글밭이 있어 하루가 바삐 간다.

　어제 저녁에 쓰다 남은 원고를 주섬주섬 챙겨 살펴본다. 이 녀석은 뱃속에 먹을 귀신이 들어 있는지 주어도주어도 더 달라고 찡찡댄다. 그래도 줄 때마다 조금씩 얌전해지고 이쁜 모습으로 다가와 하루의 대부분을 함께 보낸다. 창작이란 이런 것인가. 보고 또 보고, 고치고 또 고치고, 그래도 성에 안찬다. 마냥 배가 고프다. 허기진 뱃속을 보람으로 가득 채워질 그 무엇을 찾아 눈이 시리도록 글줄을 엮는다.

잠시 글줄을 놓고 해파랑 길을 나선다. 양지 바른 둔덕에는 코스모스 꽃잎이 한들한들 가녀린 춤을 추고 있고 자주빛깔 해국이 갯바람에 살랑거린다. 폭염이 날뛰는 날에는 가을은 영영 오지 않을 것 같았는데 어느새 이렇게 소리 소문 없이 찾아 들었나 보다. 계절의 순환은 태양계를 공전자전으로 돌고 도는 지구의 역할이겠지만 춘하추동이 생로병사의 인생역정과도 같아 삶의 의미를 그 속에 담아본다.

언제부터인가 계절이 바뀔 때마다 일 년 후에 다시 오는 그 때의 나를 생각하는 버릇이 생겼다. 나도 그 사람도 그 자리에 그대로 있을까, 아니면 흐르는 세월에 떠밀려 흩어지는 낙엽이 되었을까. 변화무쌍한 계절만큼 말년의 삶은 너무나도 변덕스럽기 때문이다. 텅빈 가슴을 위로해 주던 친구가 어느 날 갑자기 운명을 달리하는 이별이 나를 무척이나 슬프게도 하지만 칠순을 훌쩍 넘긴 지금은 가벼운 마음으로 "아, 이제는 떠날 수도 있겠구나." 하는 생각에 마음이 의연해 진다.

나이 팔십이면 생존율이 30%라는 통계 자료를 보았다. 이제는 다정했던 친구가 떠나가도 "잘 가시게, 함께 해줘서 고마웠네."라고 담담하게 작별을 고한다. 삶의 여한이야 없겠냐만 살만큼 산 세상 하루하루가 덤 같은 삶이기에 이별의 슬픔도 그만큼 가벼워진다. 가을이 익어 가면 속절없이 자리를 내어주는 낙엽처럼 내 삶의 종착역을 알리는 기적이 울리면 나 또한 다해버린 육신을 황혼의 인생열차에 훠이 훠이 실어 보내리라.

내일은 내일의 태양이 뜬다는 마가렛 미첼의 경구를 가슴으로 새기며 오늘 같은 내일을 꿈꾸며 산다. 때로는 휑하니 홀로 앉은 하루가 무료하고 떨어지는 별똥별 하나에도 가슴을 조아리던 긴긴밤도 있었지만 지금은 수필창작이라는 글동무가 있어 하루하루가 짧기만 하다. 백년지기라도 된 듯 치근대고 달라붙는다. 산길 바닷길 들길을 마다않고 졸졸 따라다닌다. 때로는 소리 소문 없이 내 곁을 떠날까봐 겁도 난다. 죽는 날까지 함께하고 싶은 친구, 아침에 일어나자마자 또 칭얼댄다. 어젯밤 늦도록 놀아주었는데도 또 손을 내민다. 고쳐 달라고, 생기나는 문장으로 바꿔 달라고. 그래, 열심히 할게. 네가 '그만, 그만'할 때까지. 그 때는 내가 너를 안고 덩실덩실 춤을 출거야.

머리가 띵 해온다. 평소에 자주 쓰던 단어인데도 선뜻 떠오르지 않아 끙끙댄다. 문장을 죽일까 살려둘까 헷갈려 눈시울이 머들머들거린다. 하던 일 잠시 접어두고 심산유곡으로 길 떠날까 보다. 고갈되어가는 소재와 지쳐가는 감성을 충전하기 위해 애마를 타고 설악동으로…….

지난 가을, 설악산 대청봉길 오색에서 만난 아담한 할머니를 또 만날 수 있을까. 팔순을 앞둔 연세에 혼자서 오색 야영을 즐기시는 할머니, 캠핑카를 몰고 나 홀로 유럽 일주 여행을 하는 것이 그녀의 꿈이라고 했다. 그 날을 위하여 영어 공부를 열심히 하고 있다고. 얼마나 멋진 인생인가. 당신의 꿈이 실현되었으면 정말 좋겠다. 길은 멀어도 인생은 아름답다는 교훈을 주신 이름 모를 그 할머니가 무척 궁금해진다.

나는 아직도 자동차의 핸들을 잡으면 신바람이 난다. 쾌속 드라이브를 즐긴다. 별빛 쏟아지는 공원에서 차박車泊의 낭만을 만끽한다. 고즈넉한 산사, 개울물 소리 졸졸대는 자연의 품속에서 맞이하는 아침은 언제나 천국이다. 오가는 길섶에 피어나는 들꽃이 그렇게 예뻐 보일 수가 없다. 이제는 불타는 정열 빨간 장미보다 순애보의 화신 패랭이가 좋다. 싱그러운 라일락보다 화해를 먹고 사는 개망초가 더욱 예쁘다.

눈만 뜨면 손 내미는 글동무가 있어 외롭지가 않고 황혼이 바삐 간다. 넌 정말 좋은 친구야.

군중 속의 고독

 덥다. 창문을 열면 오륙도 골바람이 훅하고 얼굴을 덮친다. 9월이 다 가도록 폭염이 맹위를 떨치는 현상은 지구의 온난화 때문일까, 여름은 길게 가고 가을은 짧게 간다. 가만히 있어도 이마에 송알송알 땀방울이 맺히는 한나절, 해운대 아랫동서가 저녁초대를 한다. 이열치열 하자며 해운대 남원추어탕 집으로 오라고.
 이열치열以熱治熱보다는 이수치열以水治熱이 한더위를 식히는 내 방식이지만 간만에 자매간의 인정도 돋우고 바람도 쐴 겸 아내와 함께 길을 나선다. 수년전 손자손녀들과 남원으로 알밤 줍기 체험을 갔을 때 맛나게 먹었던 추어탕 생각이 절로 난다. 군침이 돈다. 그때 그 맛일까 기대를 잔뜩 하고 갔는데 바로 그 맛이었다. 남원추어탕은 맛도 맛이지만 걸쭉하고 근기가 있어서 여름보양식으로는 손색이 없다. 따끈한 국물과 반주 몇 잔에 온몸에서 열기가 솟는다. 오랜만에 해운대 밤바다를 걷기로 한다.

해 떨어진지가 한참을 지났는데도 폭염에 데워진 아스팔트 바람이 훗훗하다. 해변으로 발길을 옮긴다. 백사장으로 가는 길이 낯설다. 그 옛날 뻑뻑 기적소리 울리며 수많은 이별과 만남을 실어 나르던 동해남부선 철길은 흔적도 없이 사라졌다. 인공 마천루 엘씨티 빌딩 숲 사이로 상현달이 으스름하고 거리에는 피서객들로 북새통이다. 특히 바다가 보이는 길목에서는 피난길처럼 오가는 사람들의 어깨싸움이 심하다. 나도 처질세라 어깨를 쭉 펴고 군중 속으로 파고든다.

대한팔경의 하나인 해운대, 낭만이 들썩거리는 사랑의 메카에서 젊음을 노래하는 아베크족들의 향연은 축제의 한마당이었다. 파도가 밀려오는 모래톱과 차양막 아래서 사랑을 속삭이는 비키니의 몸 사위는 한편의 행위예술이다. 로댕의 명품조각 '키스'를 연상케 한다. 젊은 청춘이었기에 그들의 사랑놀이가 더욱 싱그럽고 아름답게 다가온다.

덩달아 마음이 싱숭생숭해진다. 해변의 열기를 토하는 음악소리에 맞춰 나도 따라 둠칫둠칫 어깨춤을 추어본다. 오색분수대에서 화려한 분수 쇼를 보며 흥에 겨워 큰 소리를 질러도 본다. 그러나 이내 목청이 가라앉는다. 사방은 온통 젊음의 도가니, 많은 세월을 살아온 희끈희끈한 허탈감에 마음이 주저앉는다.

정열이 넘치는 해운대의 여름밤을 그들과 함께 하기엔 너무 많이 와버린 세월이 군중속의 고독으로 밀려왔다. 오고 가는 수많은 사람들 중에 나와 닮은꼴이 보이질 않는다. 그들은 마치 못 볼 것을 본 것처럼 눈길을 피한다. 젊음의 놀이터에 훼방꾼이 된 기분이다. 그러나 그냥 돌아갈 수는 없다. 지난날들이 새록새록 생각나 철썩 철썩 파도를 벗삼아 모래톱을 걷는다. 그 옛날 젊음을 함께했던 사람들과 남겨진 흔적들이 아득한 추억 속으로 나를 빠져들게 한다. 지나간 일들이 어제 같다. 세월 따라 잊혀진 시간인가 했는데 생생한 기억으로 되살아난다. 피서객들의 북새통에 큰딸아이를 잃어버려 정신없이 찾아 헤맸던 기억, 코가 큰 사람들과 C호텔에서 함께했던 만찬과 축배의 그날들, 젊은 나이에 상처를 하고 슬픔에 잠겨있던 선배와 둘이 백사장에 누워 함께 울었던 추억들이 주마등처럼 스치고 지나간다.

　사랑이 농익는 파라다이스 호텔 야외카페, 코끝을 스치는 차茶향에 발길을 멈춘다. 지난날을 생각하며 차 한 잔의 낭만에 젖고 싶었으나 "그 나이에 무슨 낭만 타령이냐고" 50년 지기 임자가 손사래를 친다. 차 한 잔의 추억을 음미하고 싶은 마음을 그리도 몰라주다니, 애당초부터 낭만에 무딘 사람임을 익히 알고는 있었지만 오늘밤은 왠지 야속한 심정이다. 무심한 사람 같으니라고.

　해운대의 여름밤은 그렇게 자정을 넘어 새벽으로 가고 있었다. 그곳에는 뜻 모르는 음악이 흐르고 사랑의 속삭임이 쉼 없는 파도를 탄다. 정열이 불타는 축제의 광장, 한 세대를 건너와 버린 내가 있어야 할 곳은 아니었다. 그들은 진정으로 나를 반겨주지도 않았고 지나온 세월을 위로해주지도 않았다. 파도소리는 예나 지금이나 변함이 없건만 이방인 같은 외로움만 가슴 가득히 밀려온다.

　검푸른 파도가 철썩이는 늦은 밤, 동백섬 끝자락에 홀로 서 있는 등댓불이 달빛아래 졸고 있다. 세월에 젖고 추억에 젖어 지쳐버린 하루를 안고 집으로 간다. 추억마저 가물가물한 망각의 세월이여, 다시는 돌이킬 수 없는 군중속의 고독이여.

혈육의 정

 쉽게 뱉을 수 있는 말이 아니다. 더군다나 열세 살 윗사람이 아랫사람에게 할 말은 아닌 것 같다. 얼마나 힘들었으면 구원의 손을 내밀까. 당황스럽고 가슴 한 곳이 철렁 내려앉는다.
 이제 막 출근하여 바이어들의 전문을 챙겨보고 있는데 따르릉 전화벨이 울린다. 큰형님이었다. 수화기 너머로 들려오는 음성 "동생, 나 용돈 좀 주면 안 될까?" 형님의 목소리는 가늘게 떨고 있었다. 형님이 갑자기 왜 이러시지, 칠남매의 막내인 나를 무척이나 아끼고 보살펴 준 큰형님이기에 염치없다는 생각보다는 근황이 염려스러웠다. 약속 장소로 나갔다. 성의를 다하여 준비한 봉투를 건네받자마자 "동생 미안하네." 한마디 하고는 바람같이 사라지신다. 수치심을 조금이라도 단축시키려는 심정이었을 게다. 멀어져 가는 형님의 뒷모습이 너무 안쓰러워 하루 종일 마음이 뒤숭숭하였다.

형님은 상고를 졸업하고 곧바로 해병대 간부 후보생으로 입대하여 소위로 임관하였다. 해병대 장교 복장을 한 형님은 정말 근사했다. 빨간 줄무늬가 새겨진 장교복에 금테 모자를 눌려 쓰고 짚 차에서 내리면 사방에 섬광이 비쳤다. 그렇게 멋진 모습은 여심女心을 여지없이 흔들어 놓기도 했다.

초등학교 오학년, 어느 토요일 오후였다. 운동장에서 공을 차고 놀고 있는데 형님이 학교로 나를 찾아오셨다. 금테 모자를 눌러쓴 해병대 장교가 짚차에서 내리더니 절도 있는 걸음으로 교무실로 간다. 나와 공놀이 하던 아이들이 "누구야? 누구야? 멋있다." 야단법석이다. 형님의 손을 잡고 교무실로 들어가니 처녀 선생님 두 분이 퇴근 준비를 하고 계셨다. 형님을 보는 순간 선생님의 얼굴에 환한 미소가 번진다.

얼마나 지났을까, 형님은 여 선생님 두 분의 배웅을 받으며 짚차에 올라 부모님이 계신 집으로 가시고 나는 친구들과 공차기를 계속했다. 해질 무렵, J선생님이 내게로 와 형님한테 전해달라며 편지 한 통을 주셨다. 이런 낭패가 있나. 형님은 그때 이미 임자가 있는 몸이었는데……. 벚꽃 축제 때 진해로 놀러가도 되겠느냐는 J선생님의 손편지, 어머니는 당장 찢어 버리라고 호통을 친다.

월요일 점심시간에 J선생님이 나를 찾아오셨다. 형님의 반응이 무척 궁금하셨나 보다. "형님 장가갔냐." 라고 묻기에 대뜸 "장가갔는데요." 했더니 선생님의 안색이 돌변한다.

해병중위와 시골학교 여 선생님과의 로맨스는 그렇게 삼일 만에 끝이 나고 말았다. 선생님의 순정을 흔들어 놓고 가버린 형님이 야속한 듯 그날 이후로 선생님은 나를 못 본체 했다. 복도에서 마주쳐도 눈길을 피했다. 해병대 장교를 형님으로 둔 것이 죄였을까, 선생님이 미웠다.

직업군인에게는 계급정년제도가 있다. 위관급에서 영관급으로 올라가려면 일정한 기간 내에 진급을 하여야 한다. 형님은 군수물자를 관리하는 보급 장교였다. 그때만 하여도 군수물자 부정유출이 난무했고 상납 문화가 만연했다. 양심을 저버릴 만큼 진급에 연연하지 않아 결국 대위로 군대생활을 마감했다. 제대 후의 고달픈 삶을 생각하면 차라리 양심을 배반하고 시류에 몸을 실었으면 얼마나 좋았을까 하는 생각을 지울 수가 없다.

제대 후에 직업전선으로 뛰어 들었으나 거친 세파를 헤쳐 나가기에는 형님의 성향은 너무 선비였다. 올곧은 성품에 육체적 고통과 정신적 수모는 결국 당신의 삶을 무너뜨리고 말았다. 퇴근시간이었다. 형수님의 다급한 음성이 고막을 찢는다. "형님이 각혈을 심하게 한다."고. 식도정맥류, 고위험군 간경변증이었다. 삼일을 넘기지 못했다. 철부지 막내 동생을 지극히도 사랑해 주셨던 형님은 그렇게 54년 인생길을 마감하셨다. 당신에게 얼마나 힘든 세상이었으면 그렇게도 빨리 눈을 감고 싶었을까, 살아생전, 내게 주신 형님의 사랑이 너무 깊어 닭똥 같은 눈물을 뚝뚝 흘렸던 기억은 지금도 가슴을 울컥하게 한다.

삶이 얼마나 힘들었으면 막내 동생에게 구원의 손길을 뻗쳤을까, 형님의 고단한 삶을 진즉에 헤아리지 못한 뉘우침에 가슴이 무너져 내린다. 형제간의 우애를 하늘같이 받들라고 하시던 어머니의 유훈이 아스라이 귓전에 맴돈다.

고향산천 부모님 산소 곁으로 형님을 모셨다. 하늘나라에는 제발 부정한 상납 문화도, 고달프고 역겨운 일들도 없기를 두 손 모아 빌고 또 빌었다. 꽃상여가 언덕길을 영차영차 힘들게 오를 때 그 길이 마치 고달프게 살아온 형님의 인생역정 같아 상두꾼 어깨걸이에 지폐 한 장을 꽂아 넣는다. 영결종천永訣終天, 이승의 온갖 시련 내려놓고 편히 가시라는 혈육의 정도 함께 언덕을 넘는다. 이승의 온갖 시련 내려놓고 편안히 잠드소서.

길들여진 영혼

하루가 가고 또 다른 하루가 밝아온다. 오늘도 새 날을 맞이할 수 있다는 기쁨에 젖는다. 아침을 깨우는 지인들의 카톡 소리가 내 삶의 맥박으로 다가오고 있다. 소식이 뜸하면 혹여 많이 아프지는 않을까 두려워 전화질도 머뭇거린다. 한동안 적적했던 친구가 생각나 전화를 했더니 부인이 남편은 중환자실에 누워있다며 울먹인다. 반세기를 함께 이어온 인연줄이 또 하나 뚝 끊어지는 소리, 그렇게 무심한 세월은 소리 없이 아프게 흘러간다.

코로나에 주눅 든 칩거생활이 길어진다. 보고픈 사람 보지 못하고 계절의 속삭임에 침묵해야 하는 움츠린 시간들이 마음을 옥죄고 있다. 안달이 나지만 잠재된 상념들을 일깨워 창작에 몰두할 수 있고 내면을 다질 수 있는 의미 있는 시간으로 하루하루를 섬긴다. 넘치는 시간 속에 살아온 길 되새김하고 개전의 정을 깨우치면서 팬데믹의 상황을 일상日常의 일로 받아들이기로 했다.

커피 한 잔을 창가에 모셔놓고 이런 저런 상념에 젖어드는데 인문학 선배님이 전화를 주셨다. "몇 달 동안 외출을 삼가고 집안에만 있으니 할멈 잔소리 땜에 미칠 지경이라고." "선배님, 좋게 받아들이세요. 잔소리가 아니고 연민의 정입니다." 대답은 그렇게 했지만 나 역시 매한가지였다. 티브이를 볼 때면 채널이 다르다고 들이댄다. 사과를 두껍게 깎는다고 잔소리 하는가 하면 달걀 후라이 노란자가 터졌다고 핀잔을 준다. 그러나 그것은 어디까지나 악의 없는 질책이기에 웃어넘기기가 수월하다.

코로나 팬데믹으로 '부부가 함께하는 시간과 잔소리의 시간이 정비례 한다'는 공식을 몸소 체험하고 있다. 하지만 방콕 생활에 잔소리마저 없다면 집안이 얼마나 허허로울까. 대화의 연결고리로 좋게 받아들인다. 은퇴 후의 아내의 잔소리는 심심풀이 땅콩으로 치부한다. 그래야 속이 편하다. 대다수의 지인들이 부부가 함께하는 여행을 의아해 한다. 무슨 재미로 가냐고. 안 싸우느냐고. 심지어 부부가 함께하는 여행을 두고 '저녁초대석에 가면서 도시락 싸 가는 놈과 같다'고 하는 유명 작가님도 계신다. 제기랄, 딱히 하릴없는 은퇴자의 삶은 어떡하라고…….

 가만히 있어도 송알송알 땀방울이 솟는 삼복더위, 시원한 팥빙수 생각이 절로 난다. 팥빙수 하면 용호동 할매 팥빙수. 곳곳에 분점까지 생겼으니 이미 유명세를 탔나 보다. 가격이 십년 전보다 두 배로 올랐어도 여름이면 언제나 문전성시를 이룬다. 하지만 코로나 바이러스 시국에 사람이 북적대는 곳은 두려워 대체품목을 찾아볼까 하고 아이스마켓을 찾았다. 첫눈에 팥빙수라는 상표가 눈에 쏙 들어온다. 제일 먼저 메이커를 살펴본다. 경험하지 못한 제품을 고를 때는 제일 먼저 제조회사를 보는 습성이 몸에 배어있다. 일류기업의 제품은 품질을 속이지 않는다는 믿음 때문이다. 다음은 가격이다. 할매 팥빙수의 절반 가격이었다. 이제 남은 것은 맛, 먹어보지 않으면 모른다.

 시식용으로 팥빙수 두 통을 구매했다. 그날따라 한낮 뙤약볕이 불덩이 같았다. 아내가 무척 좋아할 것 같아 집으로 가는 발걸음이 가뿐해 진다. 더구나 외출을 하고 집으로 가면 얼굴보다 내 손을 먼저 쳐다보는 그녀가 아닌가. 현관문을 열고 인기척을 하면 "뭐 사 왔는기요?"하고 묻는

길들여진 영혼

다. 어쩌다 빈손이면 "고마 왔는기요?" 하며 실망하는 눈빛이 역력하다. 나는 어느새 그녀의 반려동물처럼 길들여지고 있었다.

현관문을 열고 시식용 팥빙수를 툭 던져준다. "어머, 팥빙수네." 달콤하면서도 시원한 팥빙수의 진 맛에 그녀의 얼굴에 화색이 돈다. 황혼에 접어들면서 뒤늦게나마 그녀의 점수를 따고 싶은 자화상이지만 후회 없는 삶을 살다가 고픈 성심이다.

부부애의 진정한 시너지는 존경과 배려에서 나온다. 조그만 배려에도 크게 만족해하는 기쁨, 밥상머리에 앉아 서로가 잔소리가 많다고 핀잔을 주면서도 돌아서면 껄껄껄 웃어대는 능청맞음, 사소한 말다툼으로 감정이 고조될 때면 현장탈출로 위기를 모면하는 지혜로움, 이것들이 한데 어우러져 오십 년 세월을 함께 보내고 있다.

오늘도 나는 아이스마켓에서 무엇을 살까 어슬렁거렸다. 망고 아이스크림을 사서 들고 집으로 간다. "뭐 사 왔는기요? 어, 아이스크림이네." 그렇게 또 하루를 넘긴다. 생사의 고빗 길에서도 해맑은 미소로 다가와 준 그녀에게 나는 이렇게 길들여져 있었다. 한 점 후회는 없다. 삶의 끝자락, 태풍이 몰아치는 까닭은 나를 결단내기 위해서가 아니라 긴 세월을 함께 해온 속 깊은 사랑으로 유유(唯唯)하게 흘러가라는 뜻이리라. 오늘도 나는 시장 통을 싸돌며 찬거리를 살핀다.

망부송 넋이 되어

 오늘도 그녀는 먼 바다를 바라보고 앉았다. 밤이나 낮이나 비가 오나 눈이 오나 산마루에 앉아 그님이 오기만을 기다린다. 수많은 날을 하루같이 기다려도 그님은 돌아올 줄을 모른다. 신라시대 박제상朴堤上의 아내가 치술령에서 남편을 기다리다 그대로 굳어버린 망부석 설화는 절개 굳은 아낙의 표상으로 널리 회자되고 있지만 망부송 설화는 생소하다.
 미포와 구덕포 사이에 위치한 청사포는 부산의 대표적인 해안 경승지景勝地중에 하나이다. 갯바위로 점철된 해안을 따라 파도가 하얗게 부서지고 와우 산 송림사이로 스카이 캡슐이 관광객을 싣고 나르는 절경이다. 다릿돌 전망대가 설치되어 수려한 해안경관을 즐길 수가 있고 일출과 낙조의 자연풍광을 만끽할 수 있다. 청사포의 지명은 골매기 할매 전설에서 유래된다.

 그 옛날 금슬 좋은 부부가 해안가에 살았다. 어느 날 고기잡이를 나간 남편이 파선으로 돌아올 수가 없는데도 김씨 부인(골매기 할매)은 매일같이 바다를 바라보며 남편을 기다린다. 남편을 기다리는 부인의 절개節介를 어여삐 여긴 용왕이 청사靑蛇를 보내 용궁에서 남편을 상봉시켰다는 전설에서 따온 지명이다. 오매불망 남편을 기리며 심어놓은 두 그루 소나무를 망부송望夫松이라 한다. 그 세월이 300년을 넘어선다. 지금도 망부송을 수호신으로 모시고 마을의 안녕과 풍어를 기원하는 당산제堂山祭를 지낸다.

 어느 날 갑자기 내 가슴에 회오리바람이 불어 닥쳤다. 설마하는 미련이 키운 병마를 저주하기엔 너무 깊이 와버린 아내의 중환重患, 생사의 경계선을 넘나드는 혹독한 고통 속에서도 나에게는 애틋한 미소를 날리는 그녀의 모습이 애간장을 태운다. 아픔을 참아내는 속이야 한량없이 탈지언정 남의 속은 태우고 싶지 않다는 배려심이다. 그럴 때마다 찢어지는 측은지심을 달래기가 힘이 든다. 긴긴 세월을 두고 철딱서니 없고 몽매한 나를 일편단심으로 지켜준 그녀의 일생을 어찌 보답해야 할지, 밀려드는 자괴감에 가슴으로 울어버린 날이 한두 번인가.

아픔 뒤에 오는 극한 외로움을 참아내기가 힘이 들어서일까, 망부송의 사랑이 그리워서일까 아내는 유달리 청사포를 좋아한다. 망부송 앞에 다가서면 두 손 모아 기도를 한다. 300년을 해로偕老하고 있는 망부송처럼 나와 함께 오래오래 살게 해 달라는 주문이 아니다. 70고개를 넘겼으니 이젠 죽어도 여한이 없으니 조용히 눈을 감게 해 달라고 비손한다. 병중의 아픔을 참아내기가 얼마나 힘들기에 이 세상을 떠나가고 싶어 할까, 하루 빨리 악귀惡鬼의 수령에서 벗어나고픈 간절한 소망이 아닐까 싶다. 난 어떡하라고.

언젠가 그녀가 내게 한 말, "나 죽거들랑 강아지 한 마리를 키우던지 아니면 팔푼이 여자를 만나 나머지 삶을 살아가라."는 그 말이 생각난다. 팔순을 바라보는 나이인데 세상에 어떤 바보가 날 받아주겠는가, 턱도 없는 소리 하지 말라고 질타를 했지만 그래도 나를 걱정해 주는 마음 씀에 가슴이 미어진다. 병중에 하는 말은 그 공명이 배가 되어 심금을 울린다.

300년이 넘도록 하루같이 남편을 기다리는 망부송의 순정을 알 것만 같다. 둘이서 걸으면 가파른 인생길도 거뜬하게 오를 수 있지만 혼자가 되면 기가 죽고 맥이 풀린다. 한번 왔다가는 인생길, 어차피 홀로 걷는 나그네 길이라고 하지만 한 평생을 바친 그대를 머나먼 길로 떠나보내는 마음을 그 누가 헤아려 줄까, 마음의 준비를 한다지만 홀로 되는 그 날이 두렵고 서글퍼진다.

운명은 시간이 해결한다. 시공이 흐를수록 아픔은 크겠지만 시공이 멈추는 그날에 내가 그녀를 위해 할 수 있는 일은 무엇일까. "날 걱정 말고 편안히 잘 가시게." 그 말 한마디 눈물로 적셔주면 그녀의 영혼이 훨훨 날아 하늘 높이 승천할까. 당신과 함께 한 오십년 세월, 길목마다 사무치는 그리움이 너무 많아 그렇게 쉽게 보낼 수는 없을 것 같다. 오륙도 바다가 내려다 보이는 장자산 산마루에 님을 향한 망부송望婦松을 심으련다. 비록 육체는 썩어 없을지언정 영혼만은 망부송의 넋이 되어 영원토록 그대와 함께 하리라.

청사포에 가면 빨간 등대와 하얀 등대가 서로 마주보며 바다를 지키고 있다. 망부송 두 그루가 수평선을 바라보며 300년 사랑을 이어오고 있다. 당산堂山에는 산신山神이 내려와 부부간의 사랑을 일깨워 주고 아픔을 달래어 주기도 하겠지만 이별의 슬픔을 참지 못해 눈물짓는 홀아비의 환영幻影이 투영되기도 한다. 그대 떠난 후에 나의 모습이.

　오늘도 나는 야윈 가슴에 영혼의 망부송을 심는다. 운명이 다 하는 그날에 쏟아지는 눈물을 숨기려고. 소리 없이 실컷 울고 나면 못다한 사랑도, 사무치는 그리움도 가슴속으로 숨어들겠지. 울다가 웃다가 숨이 차오르면 그대 따라 나도 가리다. 망·부·송 넋이 되어…….

꿈꾸는 순간만이라도 가슴은 뛰니까

 문학에 대한 조예가 일천한 사람이 습작하듯 쓴 수필이 신인문학상으로 선정되었다. 기쁨보다 부끄러움이 앞섰다. 내가 체험하고 느꼈던 감정의 표현들이 추체험하듯 독자들의 공감대를 형성하기에는 경륜이 역부족했기 때문이다. 그러나 글 속에 유머가 있고 필력이 있고 열정이 보여 선정하였다는 심사평에 겸연쩍은 용기를 가져보기로 했다. 짧게 남은 세월이 한탄스럽지만 죽기 살기로 덤빈다면 무슨 일을 못하랴.

 아마추어가 프로가 되려면 수없이 많은 실전 경험과 도전 그리고 자기만의 기술을 연마하여야 한다. 특히 강건한 기초체력보강은 필수불가결한 선결조건이다. 아무리 비상한 기술을 구사할 수 있다 하여도 기초체력이 뒷받침되지 않으면 결코 높은 단상에는 오를 수 없다는 것을 익히 알고 있다.

문학도 예외일 수는 없다. 나는 문학을 전공하지도 않았고 야전경험도 없다. 두뇌마저도 세월에 시달려 흐릿하다. 핸디캡을 극복하려면 명망가들의 창작기법을 깨우쳐야 한다. 엄선된 작품들을 숙독하고 정돈하여 실전에 대비하는 문학적 기초체력을 쌓아야 한다. 그것이 선결과제임을 모르는 바는 아니다. 허지만 두렵다. 험준한 산길을 오르는 기분이지만 숙명으로 알고 정진할 수밖에……

당선소감을 써 달라는 통지를 받고 당선작을 정독해 보았다. 얼굴이 빨개진다. 다시 쓰라고 하면 조금은 세련되고 감동 있는 글을 쓸 수 있을 것 같았다. 고명하신 시인의 말씀이 떠오른다. 그분의 시가 여러 편 중등교과서에 실리고 70여 편의 시가 발라드 노래가사로도 인용된 유명 시인이다. 그토록 경지에 오른 사람인데도 한편의 시를 완성하려면 삼사십 번을 수정한다고 했다. 마음에 와 닿는다. 문학에 달관하신 분이 그러할 진데 나 같은 햇병아리야 수백 번을 고쳐야 하지 않을까, 자꾸만 손이 가는 이유를 알 것만 같다.

던져진 주사위의 사명감일까, 작가로서의 자존심 확립일까 아니면 초보자의 경지를 빨리 벗어나고픈 조바심 때문일까, 펜을 잡는 시간이 일과의 대부분을 차지한다. 보는 글, 쓰는 글, 고치는 글 속에 시간이 녹는다. 다듬으면 다듬을수록 세련되고 말쑥해 지는 맛, 그 맛이 너무 좋아 하루를 통체로 삼킨다.

애당초 부끄러움은 나를 독서의 길로 인도하고 있다. 여러 갈래의 시와 수필을 접해 본다. 신인으로서 피력하기에는 외람되지만 많은 글 중에 과하게 은유적이고 철학적인 작품들을 접하게 된다. 문학 본연의 사명이 독자들에게 감동과 감격을 주고 그것이 삶의 질과 양식을 향상시켜주는 것이라고 전제한다면 지나치게 은유적이고 철학적인 작품은 거기에서 거리가 있다는 생각을 지울 수가 없다.

과유불급이라는 말이 생각난다. 고등수학처럼 난해하고 주제와의 연관성이 모호한 언어의 나열은 감동과 감격을 주기보다는 언어해독과 주제발견에 지쳐버린다. 책장을 넘기기가 힘이 든다. 결국에는 덮어 버린다. 문학인을 위한 문학이 되어서는 안된다. 그것은 일반 독자들의 기피현상을 초래할 것이며 독자 없는 문학은 관객 없는 영화와 진배없다. 화면은 쉼 없이 돌아가고 있는데 텅 빈 영화관을 생각해 보라. 그 얼마나 황망하고 허허로울까.

철없는 신인의 어설프고 건방진 독설이라 해도 개의치 않는다. 안에서는 치부가 안보이지만 밖에서는 보인다. 보통 사람들이 읽고 쉽게 감동하고 감응하는 보편적 은유기법을 구사하고 싶다. 인간의 천성은 타고나지만 보편적 감정의 깊이는 크게 다르지 않다. 동서고금을 불문하고 많은 사람들의 입으로 회자되고 읽히는 구르몽의 낙엽, 서산대사의 해탈시를 비롯하여 20세기 최고의 수필 헬렌 켈러의 "사흘만 볼 수 있다면." 같은 데서 우리는 그 의미를 찾을 수 있을 것이다.

상을 받는다는 건 정말 기쁜 일이다. 연륜이 경과한 사람일수록 기쁨의 농도는 더욱 진하다. 몇 번의 수상 경험이 있다. 해병대 모범상, 콩쿠르 상, 수출 공로상 등등. 그들 중에서 어떤 것이 가장 가치 있고 영예로운 상일까. 각기 특수한 의미의 가치를 지니겠지만 지금은 문학신인상이 으뜸이다. 비록 조그만 자아실현에 불과하겠지만 여생을 통하여 다시금 각본을 짜고 연출을 하고 감성을 다스릴 수 있는 정신세계를 열어주었기 때문이다.

은퇴 후의 무념무상 무계획의 나날은 육체와 영혼을 파괴시키고 있었지만 이제는 새로운 삶의 무대가 생겨 황혼이 바쁘다. 글줄을 엮고 주인공을 찾아 배역을 정하고 연기를 지도하는 무대가 있으니 이 얼마나 신명나는 일인가. 신인상이 돋보이는 것은 한번뿐인 희귀성도 있겠지만 미래를 열어갈 수 있는 기회를 포착했기 때문이다. 기회는 아무에게나 주어지는 것도 아니지만 주어진 기회를 실기하는 경우가 많다. 기회를 포착하는 것도, 살리는 것도 그 사람의 능력이다. 이제 시작이다. 불같은 열정으로 최선의 노력을 경주하면 문학인으로서의 소명을 다 할 수 있으리라.

배우의 연기력과 각본의 우수성이 영화의 흥행을 좌우한다. 그러나 전체를 아우르는 감독의 역량과 혜안이 없다면 명작을 기대할 수가 없다. 나는 '심청전'보다 더 눈물겹고 '타이타닉'보다 더 감동적인 수필의 주역이 되고 싶다. 찰리 채플린보다 더 많이 웃기는 작가가 되고 싶다. 그리고 세상을 밝히는 촛불 같은 글쟁이가 되고 싶다. 헛된 꿈이라고 해도 좋다. 꿈꾸는 순간만이라도 가슴은 뛰니까.

한 번 해병은 영원한 해병

캠퍼스가 휑하다. 강의실에도 도서관에도 과수댁 막걸리 집에도 낯선 학생들뿐이다. 막걸리 잔을 기울이며 육법을 갑론을박하던 법우들의 모습이 군 입대바람을 타고 하나 둘 사라져버렸다. 덩달아 나도 군 입대를 결심하게 된다. 훈련은 고되지만 복무기간이 짧은 해병대를 자원했다.

엄동설한 12월에 진해 해병대 신병훈련소에 입소를 했다. 해병대는 타군과는 달리 일주일간의 가(假) 입대기간이 있었다. 일주일간의 혹독한 훈련을 이겨내야만 정식입대를 시켜준다. 혹독한 훈련을 견디지 못하고 집으로 되돌아가는 사람이 수두룩했다. 고된 훈련일수록 동지애는 돈독해 진다. "한번 해병은 영원한 해병" 이라는 의미도 지옥 훈련으로 다져진 끈끈한 동지애를 뜻하는 것이 아닌가 싶다. 완전무장을 하고 천자봉을 오르는 극기 훈련도 힘들었지만 무엇보다 기억에 남는 훈련은 엄동설한의 심야지옥 훈련이다.

한밤중에 비상이 걸렸다. "팬티바람으로 연병장에 집합하라."는 명령이다. 바닷바람 휘몰아치는 연병장에 팬티차림으로 세워놓고 칼날 같은 설한풍을 쏘이게 하는 훈련이다. 면도칼로 온몸을 찔려대는 기분이었다. 여기저기서 엉엉 울음소리가 들리고 몸은 달달달 떨었지만 입을 악다물고 참았다. 그런데 이건 또 무슨 날벼락인가, 이미 동태가 된 몸인데 차디찬 바닷물 속으로 입수하라니, 기절초풍할 노릇이다. 그러나 기우였다. 한겨울 바다물속이 그렇게 따뜻할 수가 없었다. 얼어붙은 몸과 마음이 눈 녹듯이 사르르 녹는다. 이한치한以寒治寒, 다분히 계획된 훈련방식이 아니었나 싶다.

형님은 해병대위로서 보급병들을 교육시키는 특과교수였다. 나도 보급병과를 받아 형님의 강의를 듣게 된다. 형님에게 누를 끼치고 싶지 않아 열심히 공부한 결과 평가성적이 좋았다. 2등을 하였으니 당연히 후방부대로 발령이 날 것으로 믿고 있었는데 뜻밖에도 서부전선 최전방으로 발령이 났다. 형님이 야속하고 미웠다. 씩씩대고 있는데 형님이 밀봉된 편지 한 통을 주셨다. "네가 꼭 필요할 때 이 편지를 조○○ 대위한테 보여주라."고 하면서.

진해에서 서부전선으로 가는 길은 낯설고 물설고 멀기만 했다. 형님의 본심은 철부지 막내 동생을 전방에서 고생 좀 해보라는 의도였겠지만 열 시간이 넘도록 군용트럭에 실려 덜컹덜컹 북쪽으로 가는 내 마음은 편치가 않았다. 성적이 좋았던 친동생을 군기 빡세기로 소문난 최전방 전차중대로 보내다니 생각할수록 형님이 원망스러웠다.

강화도를 지척에 둔 서부전선의 전차중대 신병생활은 무척 힘들고 무서웠다. 이북 방송이 왕왕대고 보초서다가 졸면 간첩이 내려와 목을 베어간다고 겁을 주기도 한다. 설상가상으로 김신조 간첩사건이 발발하여 서부전선 전군에 비상이 걸렸다. 대포알을 전차에 장전하고 조명탄이 펑펑 터지는 강화도 간첩수색작전에 투입될 때는 너무 무서웠다. 밤잠을 설치며 작전을 수행하였으나 소득 없이 끝나고 부대로 복귀하였으나 진이 빠지고 맥이 풀린다. 불현듯이 형님이 준 편지생각이 났다. 꼭 필요할 때 써먹으라는 그 편지가.

조○○ 대위는 수천명의 군수품을 총괄하는 보급소대장

이었다. 나를 알릴 방법은 손편지뿐이었다. 그러나 최말단 졸병이 감히 하늘같은 조○○ 대위에게 편지를 쓰려니 가슴이 떨리고 겁이 났지만 몇 날 며칠을 망설이다가 용기를 냈다. 나의 편지와 형님의 편지를 동봉하여 우송을 했다. 며칠 후에 보초를 서고 있는데 중대장 비서가 급히 나를 찾는다. 빨리 중대장실로 가 보라고. 그곳에 조00대위가 와 계셨다. "네가 곽○○ 대위 동생이야?" 하면서 당장 관물을 챙겨서 짚차에 타라고 명령을 한다. 조 대위와 형님은 잘 아는 사이였다. 형님을 미워했던 마음이 그때서야 조금씩 풀리기 시작한다.

여단 근무중대 보급소대는 별천지 같았다. 보초도 서지 않고 온 종일 따뜻한 사무실에서 군수물자를 관리하는 업무가 전부였다. 중대장을 비롯하여 대부분의 고참병들이 형님의 강의를 들은 보급병과이었기에 형님을 잘 알고 있었다. 모두가 "곽 대위 동생이야." 하면서 반겨주었다.

전입신고는 노래로 대신했다. 나의 애창곡 〈녹슬은 기찻길〉을 열창하였더니 내무반이 들썩인다. 그날 이후로 나는 특별대우를 받았다. 순검시간에 다른 병사들은 걸레질을 하고 총을 닦는데 나는 노래만 불렀다. 덕분에 강화도 군관민 합동위문공연에서 수백 명의 관중 앞에서 군인

대표로 무대에 올라 인기가수들과 함께 노래를 불렀던 행운도 가질 수가 있었다.

한 번 해병은 영원한 해병, 여든을 바라보는 지금도 해병대의 상징인 빨간 명찰을 달고 지나가는 후배들을 보면 정감이 솟는다. 도닥도닥 어깨라도 두드려 주고 싶다. 한 번 해병은 영원한 해병, 나는 죽어도 해병, 영원한 해병으로 살다 가리다.

제4부

잡초의 반란

잡초의
반란

바람의 길을 내다

별빛마저 사라진 캄캄한 밤, 우르르 쾅쾅 무섭게 울어대는 천둥소리, 동에 번쩍 서에 번쩍 번득이는 번갯불, 그리고 천지를 윽박지르는 괴물 같은 소리 소리 소리……. 마이삭 태풍이 난리굿이다.

목이 타고 가슴이 쿵쾅거려서 물 한 모금 마실까 하고 부엌으로 가는 순간 갑자기 "찌이익" 하고 전깃불이 나가 버린다. 칠흑이다. 창살은 세찬 바람에 덜컹거리고 괴상한 바람소리가 도깨비춤을 춘다. 무서웠다. '명색이 귀신 잡는 해병대 출신인 내가 왜 이래?' 하며 진정을 해도 쭈뼛쭈뼛 머리가 선다. 태풍이 휘몰아치는 고층아파트의 하룻밤이 내게는 소름끼치는 악몽이었다. 구백여 명의 목숨을 앗

야간 사라호 태풍 때 함석지붕이 날아가 밤새 비를 맞으며 떨었던 기억은 생생하지만 태풍 때문에 공포의 밤을 지새우기는 처음이다.

마이삭과 하이런의 연이은 태풍이 휩쓸고 간 자리에 가을이 성큼 다가섰다. 핑크뮬리와 구절초의 향연에 넋을 잃었던 자라 섬 은물결이 손짓을 한다. 가을 여행이나 갈까 하고 마음을 뒤척이는데 오랜만에 친구가 저녁초대를 했다. 외출복을 찾아 장롱 문을 여는 순간 퀴퀴한 냄새가 진동을 한다. 긴 장마를 틈타 곰팡이가 떼거리로 쳐들어와 뽀얗게 집을 짓고 있었다. 도대체 어찌된 영문인가. 한정된 공간에 구접스런 옷가지를 빽빽이 걸어 놓은 관계로 바람의 길을 막았던 것이 화근이었다.

어서 빨리 바람의 길을 내어주어야겠다는 일념으로 장롱 문을 열었다. 해묵은 점퍼와 티셔츠, 통으로 된 바지와 자켓 등이 빼곡하다. 돌고 도는 유행, 차마 버리지 못한 옷들이 곰팡이의 산실이 되고 만 것이다. 사지는 멀쩡하지만 다시는 볼 일없는 놈들을 모두 퇴실시키기로 했다.

"그거 안 입어요. 다 버리세요." 수년 동안 한 번도 입지 않은 것들을 모두 버리고 아끼는 옷들만 남겨 놓았다. 남겨진 옷들이 가볍게 '휴' 하고 숨을 쉰다. 그들에게 바람의 길을 열어 주고 나니 마음이 가뿐해 진다. 버린다는 것이 이렇게도 사람의 마음을 산뜻하게 할 줄은 꿈에도 몰랐다. 비워지면 허전할 줄만 알았는데 비워진 자리에 상큼한 마음이 채워질 줄이야.

문득 파지 줍는 할아버지 생각이 났다. 박스를 비롯하여 고물과 헌 옷가지를 모아 두었다가 준다. 다소 불편하고 신경이 쓰이는 일이지만 그분에게는 도움이 되는 것 같아 오 년이 넘도록 하고 있다. 곰팡이 소동으로 내게서 비워지는 헌 옷가지들이 할아버지에게는 생활의 수단으로 채워지는 비움과 채움의 상관관계를 생각해 본다. 채워지는 사람이기에 비울수가 있고 비워져야 다시 채울 수가 있다는 비움과 채움의 선순환을 되새김한다. 삶에 찌든 찌꺼기는 비우고 맑은 영혼을 채우겠다고.

친구가 이사 선물로 가져온 관음죽 나무에 묵은 잎사귀가 누렇게 시들어간다. 가지 끝에는 파릇파릇 새 순이 돋아난다. 헌 순은 비워지고 새 순이 채워진다. 우리네 인생도 매 한가지가 아닌가. 목숨이 다하여 비워지면 새로운 삶이 다가와 새 시대를 열어갈 테니. 인생은 비움과 채움, 채움과 비움을 반복하면서 먼 길을 유랑하는 보헤미안, 기나긴 여행이 끝나면 빈손으로 돌아가야 하는 길손이 아닌가.

  나이 들어 비우며 살라는 말을 실감한다. 이사할 때마다 망설였던 "버릴까, 가져갈까." 이제는 버리는 쪽에 방점을 찍는다. 그것이 가볍게 사는 인생인 것을 하잘 것 없는 미생물에게서 배웠다. 비록 인간과 잡물과의 무언의 소통이지만 숨겨진 의미를 오늘날의 사회상에서도 찾을 수가 있을 것 같다. 소통이 사라지고 아집을 비우지 못한 채 질시와 반목으로 치닫는 정치풍토에 새로운 바람이 잦아들면 얼마나 좋을까. 화해와 협치의 바람으로 채워지는 날에는 쾌재를 부르리라.

  태풍이 몰아치고 긴 장마가 머물다 간 자리, 미처 비우지 못한 우둔함을 일깨워 준 하찮은 미생물에게도 삶의 지혜가 숨어 있었다. 바람도 길이 있어야 불고 마음도 길이 있어야 통한다. 이제는 알게 모르게 퇴적되어버린 삶의 찌꺼기들을 하나 둘 비우며 가련다. 마음의 문을 활짝 열고 마음과 마음으로 통하는 바람의 길을 내어 주리라. 삶이 끝나는 날, "허 허 허" 웃을 수 있게. 무거운 세상 가볍게 살다간다고!!!

잡초의 반란

　인간은 고대 농경사회로부터 오늘에 이르기까지 농작물 경작에 막대한 폐해를 주는 잡초와 싸워야만 했다. 그들을 제거하기 위한 농기구를 발명하고 화학적 방제도 많이 개발이 되었으나 그들의 끈질긴 생명력은 만물의 영장 인간의 지혜를 비웃기라도 하듯 태초 때의 아성을 굳게 지키고 있다.

　저녁 답에 비가 온다는 일기예보에 모종을 하고 씨앗도 뿌릴 겸 농장으로 핸들을 잡았다. 바람을 가르며 자연의 품속으로 달려가는 기분은 언제나 들뜬다. 번잡한 도시를 벗어나 개울물이 좔좔 흐르고 산바람이 상큼한 들길을 걷노라면 억눌린 가슴이 뻥 뚫린다. 마른 가지에 잎새가 돋아나고 꽃이 피고 열매가 맺는 자연의 섭리, 삶과 죽음이 끊임없이 반복되는 생명의 윤회를 보면 흘러가는 세월이 보이고 황혼의 울적함도 사라진다. 생명의 선순환, 농원으로 가는 마음은 언제나 소풍이다.

달포 만에 가는 밭 나들이, 채소들은 얼마나 반가워할까, 과실수들은 먹음직할까 궁금해진다. 개울가 정자나무 그늘에 주차를 하고 농장 출입문을 열었다. 그 순간 눈앞에 전개되는 황막한 광경에 아연실색하고 말았다. 잡초들이 떼를 지어 농작물을 점령하고 있는 것이 아닌가. 게으름뱅이 주인을 알아채고 반란을 일으킨 것이 분명하렸다. 진입로는 쇠뜨기들이 패거리로 길을 막아섰고 바랭이의 인해전술에 점령당한 부추, 상추, 오이, 가지가 숨을 헐떡이고 있다. 달포사이에 잡초들의 기세가 이렇게 등등할 줄은 상상도 못할 일이다.

잡초들의 무차별 공격으로 겁에 질려 떨고 있는 농작물들에게 큰 죄를 지은 것 같아 마음이 아팠다. 어서 빨리 구출해줘야겠다는 일념으로 호미질, 삽질, 괭이질을 땀범벅이 되도록 하였으나 이미 깊은 상처를 입은 작물들은 돌이킬 수가 없다. 반란군에 희생당한 농작물의 시체가 여기저기 널브러져 있어 마음이 아팠다. 전쟁터에서 졸병들을 묻어버린 장수의 마음이 이러했을까.

 인간과 식물간에도 관계의 힘이 작용하고 사랑의 정의와 증오의 법칙이 성립된다. 사랑이 결여된 그들에게 풍성한 결실을 기대할 수는 없다. 그들은 결코 거짓을 행하지 않으며 배신을 모르는 진정한 사랑꾼이다. 인간의 정성을 먹고 자란 식물을 가슴으로 안으면 마음이 부자가 되고 식탁에 올리면 진수성찬이 된다. 사랑으로 키운 채소는 어혈을 맑게 해주고 행복 지수를 높여준다. 식물이건 동물이건 가꾼 만큼 자라고 거둔다는 것은 만고불변의 진리가 아닌가.

 하늘이 노랗도록 힘들게 얽히고설킨 잡초들을 제거했다. 가지런하게 밭갈이를 하고 밑거름을 듬뿍 주었다. 깔끔하게 다듬어진 밭고랑을 보노라면 마음이 그렇게 흐뭇할 수가 없다. 모종을 심고 씨앗을 뿌리고 넘어진 채소들을 일으켜 세웠다. 머잖아 파릇한 잎새가 돋아 건강한 혈청을 만들어 줄 것이다. 그들은 바로 유기농작물, 내 삶을 지탱해주는 활력소이고 건강을 지켜주는 파수꾼이며 황혼길을 함께 걸어가는 길동무이다. 농작물은 주인장의 발자국 소리를 듣고 자란다는 말을 가슴깊이 새긴다.

 야생초들과의 전면전에 녹초가 된 몸과 마음을 달래려고 평상에 덜렁 눕는다. 하늘가에 걸린 낮달이 식은땀을 훔쳐 준다. 봉긋봉긋한 밭고랑을 타고 불어오는 바람결이 한결 상큼하다. 간신히 살아남은 채소들이 산들바람에 흔들리며 고개 숙여 인사를 한다. 불쌍한 것들. 하늘에 단연코 맹세를 했다. 제 때에 안아주지 못하여 녹아버린 오이와 가지의 슬픔을 잊지 않을 것이며 사랑의 결핍으로 낙과가 되어버린 사과의 슬픈 운명을 좌시하지 않을 것이라고.

뉘엿뉘엿 산그늘이 내리고 산 능선을 타고 노을이 붉게 타오른다. 간신이 살아남은 아로니아 열매를 한 포대 수확했다. 한때는 항산화성분이 풍부하여 항균과 당뇨질환 개선에 탁월한 슈퍼 푸드였다. 그러나 노니의 출현으로 사양화되어버린 농부의 가슴앓이에 마음이 씁쓸해진다. 농부가 흘리는 땀의 대가성, 이제는 재래시장 난장에 앉아 여생을 팔고 있는 할머니의 채소 값을 깎지 않는다. 농작물 생산의 고충을 조금이라도 위로해주고 싶은 마음이다. 잡초와의 전쟁은 결코 쉬운 일이 아니었기에.

손목이 저리도록 전력을 다하여 잡초를 퇴치하고 숨 쉬는 토양을 만들었다. 그 속에 가을을 묻고 고적한 황혼의 외로움도 함께 묻었다. 그리고 사랑이 결핍된 농작물의 아픔과 농땡이 농부의 게으름도 함께 묻었다. 그러나 인간 세계의 잡초 같은 중생들을 솎아 내어 꼭꼭 묻어주고 싶은 심정을 통제하기에 힘든 하루를 견뎠다. 뽑고 뽑아도 다시 돋아나는 잡초, 윤리와 도덕을 파괴하고 정의를 거역하는 잡초 같은 인간들, 그들 또한 창조주의 부산물이라면 삼라만상의 법계를 따라 공생공존할 수밖에. 잡초도 생물인 것을.

말끔하게 정리되고 산뜻해진 밭이랑 사이로 흙바람이 분다. 잡초더미에서 해방된 아로니아 나뭇잎이 햇살아래 반짝거린다. 죽다가 살아난 부추, 상추, 도라지가 바람결에 살랑인다. 언덕배기 사과나무 이파리가 손짓을 한다. 자주 와 달라고.

잡초의 반란을 힘겹게 물리친 하루해가 저물고 개울물에 지친 하루를 씻는다. 승리의 기쁨이 물결 따라 졸졸 떠내러 간다.

관심법

 큰길 모퉁이 돌아 좌측 골목길 들어서면 야트막한 언덕배기에 기다란 남새밭이 있다. 밭고랑 입구에 우뚝 서 있는 경고판 하나가 눈길을 끈다.

 농작물에 손대지 마시오.
 누가 가져갔는지 다 알아요.
 - 스님 백

 눈을 크게 뜨고 이쪽저쪽 사방을 둘러본다. 그 흔한 CCTV도 하나 없고 망보는 사람도 없다. 그런데 어떻게 농작물을 몰래 뜯어간 사람을 알 수가 있단 말인가. 합판위에 갈겨 쓴 흘림체글씨가 왠지 익살스럽다. 코웃음이 절로 나온다. 허지만 먹음직스럽게 자란 오이와 토마토를 따 먹고 싶은 도심盜心이 발작을 해도 경고판을 보면 선뜻 손이 가지 않을 것 같기도 하다. 더군다나 〈스님 백〉이라고 써 놓았으니 마치 대웅전 부처님이 빤히 내려다보고 있는 것 같은 경각심을 느낀다. 스님도 아마 이런 심리를 간파하고 이렇게 웃기는 팻말을 세웠지 않았을까 생각된다.

아파트 근처에 '불국정사'라는 범어사의 말사가 하나 있다. 골목길을 들어서면 남새밭이 담벼락을 따라 길게 펼쳐져 있고 끝나는 지점에 절이 보인다. 상추, 고추, 오이, 토마토가 담벼락 햇볕을 쪼이며 먹음직스럽게 자라고 있다. 손을 뻗으면 바로 딸 수가 있는 지척이지만 스님에게는 주식과도 같은 귀한 작물인데 차마 손이 가지 않는다. 부처님께 시주는 못할망정 당신께 올릴 찬거리를 훔칠 수는 없지 않는가. 그런데도 일부 몰상식한 사람들이 몰래 작물을 뜯어가는가 보다. 오죽하면 기상천외한 경고장까지 써 놓았겠는가.

불현듯이 바보시리즈의 한 장면이 떠오른다. 어느 산골 마을에 칠덕이와 팔덕이가 살았었다. 어느 날 칠덕이가 뒷산으로 나무를 하러 갔다가 금덩어리를 발견하고는 땅속에 묻어놓고 팻말을 써 놓는다. 〈여기에 금덩어리가 없음〉이라고. 며칠 후에 팔덕이가 나무하러 갔다가 이 팻말을 보고 금덩어리를 가져가 버린다. 그리고는 팻말을 남긴다. 〈팔덕이는 금덩어리를 가져가지 않았음〉이라고. 뒤늦게 금덩어리가 없어진걸 알게 된 칠덕이는 이장 집을 찾아가 금덩어리를 찾아 달라고 애원을 한다. 이장은 칠덕이를 어여삐 여기고 방송을 한다. "동민 여러분, 금덩어리 도둑을 잡아야 합니다. 오늘 저녁에 한사람도 빠짐없이 마을회관으로 모이시오. 팔덕이는 빼고." ㅎㅎㅎ. 누가 더 바보일까? 칠덕이일까 팔덕이일까 아니면 반장일까? 많이 웃었다. 스님의 익살스런 경고판이 오버랩 된다. 스님도 칠덕이 아니면 팔덕이가 아닐런지.

산책 나가는 길에 불국정사를 들렀다. 스님은 출타중이고 중년 보살님이 반갑게 맞이한다. 따뜻한 백설기를 나누어 먹으면서 어떻게 농작물을 훔쳐간 사람을 알 수 있느냐고 물었다. 스님에게 물어보라고 한다. 순간 그 옛날 재미있게 보았던 연속극 〈궁예〉의 관심법이 떠올랐다. 혹여 스님께서도 궁예의 관심법을 쓰는 것은 아닌지 궁금하기도 하고 두렵기도 하다. 후고구려, 태봉의 시조 에꾸는 궁예는 관심법으로 정적을 제거했다. 심지어 왕비 강씨를 증거도 없이 간통죄로 몰아 죽이고 두 아들마저 죽인다. 궁예의 관심법은 일종의 독심술讀心術이다. 그는 자신에게 사람의 마음을 꿰뚫어 볼 수 있는 능력이 있다고 믿었다. 아무런 물적 증거도 없이 오직 독심술 하나만을 믿고 군신軍臣을 반란죄로 몰아 단죄하고 숙청했다.

 궁예의 신하 중에는 왕건이라는 걸출한 영웅이 도사리고 있었다. 왕건을 따르는 추종세력이 불어났고 이에 두려움을 느낀 궁예가 관심법으로 왕건을 처단하려 했으나 왕건 부하의 기지로 죽임을 면한다. 이윽고 왕건이 세를 몰아 궁예를 축출하고 새로운 국가 '고려'를 탄생시킨다. 훗날 궁예는 배가 고파 보리이삭을 훔쳐 먹다가 백성들에게 맞아 죽는다. 관심법의 종말이다.

 고대역사의 한 장면이지만 근세를 반추해 보면 궁예의 관심법 같은 치세治世가 없었는지 눈여겨 볼일이다. '백 명의 범죄자를 놓치는 한이 있더라도 단 한사람의 억울한 범죄자를 만들지 말라.' 라는 법문이 있다. 만에 하나 스님께서도 궁예의 관심법 같은 독심술로 무고한 행인을 범죄자로 몰아세우는 우愚를 범하지 않기를 바란다. 설사 누군가가 빨갛게 익어가는 토마토를 한 두알 따 먹더라도 너그러이 용서하고 하늘같은 자비심을 베풀기를 충심으로 합장合掌

한다. 그리고 팻말도 다음과 같이 바꾸기를 권고한다.

불국정사 남새밭 야채를 뜯어 가시오.
누가 뜯어갔는지 아무도 몰라요.
- 스님 백

스님, 이렇게 자비로운 팻말로 바꾸시면 오가는 길에 법당을 찾아 그 은혜에 보답하겠습니다. 선한 관심과 자비는 성불로 가는 길이니까요.

크레믈린

    도무지 속마음을 알 수가 없다. 완전 크레믈린(Kremlin)이다. 크렘린 궁전은 공산주의의 독제를 상징하는 요새이다. 막강한 권력을 가진 소비에트정권의 중추임에도 외부에 공개되지 않고 베일에 쌓여있다고 하여 우리는 속을 내비치지 않는 사람을 '크레믈린'이라고 칭한다. 오늘따라 무겁게 드리워진 친구의 베일을 걷어내고 싶은 마음이 간절하다.

    우리는 같은 대학캠퍼스에서 청운의 꿈을 함께 키웠다. 사회진출 후에도 부산에서 서울에서 우정의 끈을 놓지 않았다. 50년을 함께 해온 우정을 '크레믈린'이란 제목으로 글을 쓰기가 머쓱하여 많이 망설여지지만 보고플 때 함께

하지 못한 아쉬움을 달랠 길이 없다. 이 또한 안고 가야 할 삶의 무게라면 차라리 비우고 가는 게 낫겠다는 심정으로 용기를 내어 본다.

 중년기에 접어들면서 매년 여름이면 친하게 지내는 친구들과 지리산 계곡으로 피서를 갔다. 처음에는 부부동반이었지만 남녀간의 감성과 가족문화의 괴리감이 있고 군사가 너무 많아 번거롭기도 하여 지금은 남자들만 간다. 언젠가 "다른 친구들은 술 먹고 노는데 왜 당신은 바보같이 설거지만 하느냐."고 핀잔을 받았다는 뒷얘기, 그 사람이 바로 오늘의 주인공 L친구이다.

 그는 무척 다정다감하고 바지런하며 매사에 솔선수범하는 상 남자였다. 경남 고성이 그의 고향이다. 47년 전 고성에서 전통혼례를 치루던 날, 부산에서 고성 혼례식장으로 가는 도중에 택시가 고장이 나서 안절부절 못했던 기억이 생생하다. 그는 음식솜씨 좋고 마음씨 고운 고성댁을 만나 서울에서, 안양에서 중년기를 보냈고 이태 전에 안태고향인 고성으로 귀촌하였다고 했다. 입이 천근만근이라 처음에는 귀촌한 줄도 몰랐다. 가을비가 촉촉이 내리던 날 창가에 앉아 추억에 젖노라니 L친구가 생각나 전화를 했더니 그제사 고성에 있다고 이실직고한다. 친한 친구들과 한번 쳐들어가겠다고 해도 가타부타 말이 없다. 나 같았으면 기쁜 마음으로 "그거 좋지. 친구들과 함께 한번 다녀가시게." 했을 법한데 묵묵부답이었다. 나이 들수록 보고 싶은 사람이 친구일 텐데 이럴 수가, 일순간 의아했다. 분명히 피치 못할 사정이 있을듯한데 베일에 잠긴다. 크레믈린같이…….

 코로나 펜데믹으로 사회적 거리두기가 엄격했던 지난 여름, 간 큰 친구 네 명이 지리산 계곡 피서 길에 올랐다. 세월 따라 하나 둘 이 세상을 등져 가고 이렇게 네 명만이라도 함께 할 수 있다니 얼마나 다행스런 일인가. 지리산 거림계곡으로 가는 길목, 지난 날 함께 야영을 즐겼던 덕천강변에서 알싸한 피리조림에 걸쭉한 막걸리로 회포를 풀고 강둑을 내려갔다. 알몸으로 첨벙첨벙 자맥질을 했다. 민 살결에 부딪치는 물살이 그렇게 감미로울 수가 없다.

 술맛 당길수록 친구 생각이 간절해지는 법, 고성 L친구가 생각나 지리산에서 일박하고 욕지도를 가기로 했다. 욕지도를 가려면 고성을 경유하기 때문이다. 크레믈린 친구와 함께 할 수 있다는 기대감과 넷보다 다섯이면 더욱 즐거울 것 같아 기쁜 마음으로 친구에게 전화를 했다. "내일 욕지도를 가는데 가는 길에 픽업할 테니 함께 가지 않을래?" 흔쾌히 동행할 줄 알았다. 그러나 "일이 있어 같이 못

가네."

　긴 세월을 두고 얼마나 다져온 우정인데 이렇게 만남을 피할까, 함께 하지 못할 그 무슨 이유라도 있을까, 쉽게 풀어지지 않는 고등수학처럼 도무지 그의 마음을 알 수가 없다. 함께하지 못한 아쉬움을 뒤로하고 통영에서 욕지도 행 여객선에 몸을 실었다. 갈매기 가족들도 따라 나선다. 욕지도의 명물 고등어 요리와 소주잔에 곰삭은 우정을 타서 마시고 거나한 심신으로 출렁다리에 올랐다. 망망대해를 바라보며 수평선 너머 고성친구의 환영이 물결진다.

　"앞으로 우리 만나봐야 몇 번 만나겠노." 출렁다리 언덕길 오르며 거친 숨결로 내뱉던 서울친구의 말이 가슴을 짠하게 했다. 길어야 십 년 세월, 순간순간이 천금 같은 세월인데 오늘따라 고성 L친구의 빈자리가 너무 아쉽고 허전하다. 돌아오는 길, 차창으로 스쳐지나가는 '고성'이란 표지판에 친구의 모습이 오버랩된다. 크렘린 궁전 우정의 문은 아직도 굳게 닫혀 있을까. 세월 따라 가노라면 언젠가는 활짝 열리겠지. 반백 년 전 대학캠퍼스에서 처음 만나 굳은 악수로 우의를 다졌던 그날처럼.

　공자의 인생삼락人生三樂중에 하나인 '유붕有朋이 자원방

래自遠方來하니 불역락호不亦樂乎이여라.' 라는 말이 생각났다. 멀리서 친구가 찾아오니 어찌 즐겁지 아니한가. 2,500년이 흐른 지금도 친구를 그리는 마음은 그때나 지금이나 매 한가지일 텐데 함께하지 못한 아쉬움을 한잔 술로 달래며 또 하루를 살아간다.

욕지도로 가는 그날이 하필이면 L친구 부모님의 제삿날이었다고 한다. 그것도 친구로부터가 아닌 그의 아내 고성댁의 말씀이다. "고마 여기 와서 회 한 접시 하고 갔으면 됐을 낀데." 그 말 한마디에 맺힌 가슴이 뻥 뚫린다. 크레믈린 친구의 베일을 고성댁이 깔끔하게 걷어주었다. 친구야, 우리 말 좀하고 살자.

아버지는 구두쇠

달그림자도 선명한 이른 새벽, 동구 앞 무논의 물꼬를 살피던 노인이 갑자기 논두렁에 쓰러졌다. 일어날 기미가 안 보인다. 때마침 새벽일을 나가던 손자뻘 되는 집안 농부가 그 모습을 발견하고 숨을 헐떡이며 집으로 달려왔다. "아제, 할아버지가 논두렁에 쓰러졌어요. 빨리 가 보이소."

아버지는 그렇게 66년 인생길을 논두렁에서 마감하셨다. 1971년 그 당시에는 잘 알지도 못했던 고혈압 발작을 이겨내지 못하고 말 한마디 남기지 못한 채 홀연히 이 세상을 떠나가셨다. 삶의 터전이었던 논두렁을 베개 삼아 생명줄 같았던 호밋자루 부여잡고 조용히 눈을 감으셨다.

 동네에서는 아버지를 구두쇠라고 불렀다. 가진 것 하나 없으니 구두쇠가 아니고서는 살아날 길이 없다. 땅뙈기 하나 없는 소작농부로서 위로는 할머니를 모시고 아래로는 칠남매를 두었으니 입에 풀칠하기도 벅찬 일이었다. 새벽 같이 일어나 골목길 소똥을 줍고 담배꽁초를 주우며 아침을 맞이하셨다. 소똥은 거름으로 모으고 꽁초는 담배 값을 아끼기 위해서다. 꽁초를 하나하나 풀어서 담뱃대에 넣고 연기를 품어내시던 궁상이 눈에 선하다. 술값을 아끼려고 소주잔에다 맹물을 타서 마신다. 쓸래야 쓸 돈이 없는 가난한 농부의 애환이지만 구두쇠는 구두쇠였다.

 낫 놓고 기역자도 모르는 일자무식이었지만 심성이 고우셔서 동네아이들도 아버지를 따랐다. 그러나 나는 아버지와 참 많이도 싸웠다. 방학 때 부산에서 250리 길 고향집에 가면 길에 버스비 날린다고 뭐라 하시고 제대로 씻지를 않아 뭐라고 하면 "고마 부산 갔비라." 라고 등을 떠밀었다. 똥추마리를 짊어지고 남세 밭으로 가다가 똥물이 넘쳐 흘러 목덜미를 적시는 바람에 "다시는 안하겠다고" 하며 대판 싸웠다. 동네잔치가 있는 날이면 공짜라고 과음 과식을 하는 바람에 두루마기가 엉망이 되기도 한다. 제발 좀

적게 잡수시라고 하며 또 싸웠다. 곰곰이 생각해 보면 막내의 투정이 좀 심하지 않았나 싶기도 하다.

아버지 돌아 가신지가 어언 53년, 막내아들의 철없는 투정을 사랑으로 받아주시고 누구보다 근면 성실하셨던 아버지를 생각하면 마음이 짠해진다. 근면 절약정신 만큼은 아버지를 본받고 싶지만 게으르기 짝이 없고 낭비벽이 심한 못난 아들이 부끄럽기가 그지없다.

아버지에 비하면 어머니는 정 반대의 삶을 살다가셨다. 살아계신다면 123세가 된다. 까마득한 그 시절에 산골여성으로서는 보기 드물게 한글을 깨우쳤고 청결한 여인이셨다. 댕기 빗으로 항상 머리를 곱게 빗었고 방바닥에 머리카락 하나라도 있으면 쓸고 닦고 청소를 해야 했다. 아버지가 밭에 나가 지심을 메고 흙발로 마루에 오르면 발씻고 오라고 밀쳐내시던 어머니의 모습이 지금도 눈에 선하다. 아버지는 추잡이, 어머니는 깔끔이, 아버지는 무식쟁이 어머니는 글잡이, 함께 하기엔 너무 먼 두 분 같았는데 어떻게 결혼을 했을까, 어떻게 슬하에 칠남매나 두고 평생을 해로하였을까 나만의 불가사의다.

아버지는 숙명처럼 타고난 구두쇠였지만 부지런하셨다. 자기 논 한 마지기가 갖고 싶어 소똥을 줍고 누구보다 먼저 일어나 밭을 매고 물꼬를 살폈다. 사는 동안 어머니와 언성 높게 싸우는 모습을 단 한 번도 보이지 않으셨다. 비 오는 날이면 사랑방에 홀로 앉아 소주잔에 우물물을 타서 마시며 육자 베기를 흥얼대시던 아버지를 생각하면 지금도 가슴이 아려온다.

아버지를 안아주었던 그 논두렁은 아직도 그 자리에 그대로인데 아버지는 먼 길을 떠나 돌아올 줄 모른다. 그토록 소원했던 논 한 마지기 가져보지 못한 채로 운명을 달리한 아버지의 삶을 생각하면 가슴이 미어진다. 지금도 고향 길 나설 때면 동구 밖 그 논두렁에 눈길이 머문다.

아버지, 이 못난 막내아들을 용서해 주십시오. 흙발로 마루에 오르시더라도 잔치 술로 만취하시더라도 똥추마리를 지우시더라도 다시는 대들지 않겠습니다. 찢어지도록 가난했지만 누구보다도 부지런하셨고 일자무식이어도 남을 해코지하지 않고 선한 마음으로 소리 없이 살다 가신 아버지가 정말 존경스럽습니다. 아버지의 영정사진 앞에 두 손 모아 빕니다. 먼저 가신 어머니를 꼭 다시 만나 편안히 영면하시기를.

천하에 몹쓸 사람

을유년 닭의 해, 새벽녘 수탉의 울음소리는 해방둥이 내 인생의 여명을 열어주었다. 칠남매 중의 막내로 위로 여섯 형제는 모두다 이 세상을 하직하고 얼떨결에 가문의 어르신이 되어 대소 간의 화합과 화목을 위해 성심을 쏟고 있다. 선대께서 물려주신 사명감으로 최선을 다하고 있지만 갈수록 정떨어지는 씨족문화에 좌절감을 느낄 때가 많다.

금전관계로 피를 나눈 혈육을 형사고발하는 형제를 보고 분개한다. 형제간의 법정분쟁을 바라보는 부모님의 심정은 어떠했을까. 아무리 금전만능시대라고 하지만 혈육 양심으로 보면 용납이 안 된다. 오죽하였으면 아버지가 기소한 아들을 손찌검하고 어머니는 남세스러워서 즐겨하던 방송마저 중도하차하고 말았을까. 물론 동기간을 속이고 금전을 갈취한 것은 엄연한 범법행위이다. 허지만 혈육 간의 우애정신으로 용서하고 금전적 손실을 감수하면 될 걸 최악의 수단을 택한 형제의 난을 저주한다. 돈이 피보다 진할 수가 있단 말인가. 한 해에 수십억을 버는 사람이 친형한테 수십억을 사기 당했다고 한들 부모님의 속을 갈가리 찢어놓고 혈육을 난도질할 만큼 치명적이었을까. 한 해 덜 벌었다고 생각하면 될 터인데, 천하에 몹쓸 형제들. 돈독한 우애정신은 가문의 화목과 혈육의 정을 보존하는 근본인 것을.

가족관의 예절은 타고나는 것일까 아니면 생활 속에서 묻어나는 산교육일까, 청년기 시절을 뒤돌아본다. 설 명절이면 소죽 솥에 물을 끓여 새벽목욕을 하고 부모님께 세배하고 형제간에도 맞절을 한다. 부모님을 공경하고 형제간의 우애를 다지는 예절교육이다. 집안의 어르신들도 찾아뵙고 세배를 올리고 다과상을 마주하며 덕담을 나눈다. 타성 어르신께도 예를 갖추어 세배를 올린다. 지금도 연장자를 만나면 윗전으로 모신다. 몸에 베인 습성이다.

몇 년 전 설날이었나 보다. 그날따라 손주들의 세배가 끝난 후에 아내의 세배를 한번 받아보고 싶었다. 나만의 사랑놀이다. "세뱃돈 줄 테니 나에게 세배 한번 해 보시오."라고 했더니 생 난리다. 당장 백 번 절 할 테니 백만 원을 달라고 한다. 아니면 날보고 백 번 절하란다. 백만 원을 주겠노라고. 기가 찰 노릇이다. 결국은 세배받기를 포기하고 말았지만 아쉬움이 남는다. 낭군님한테 세배 한 번 하는 것이 그렇게도 모멸스러웠을까. 그것이 사랑인줄도 모르고. 못난 사람 같으니라고.

50년 전 정씨 가문으로 장가가던 날, 신랑 방에 처가댁 어르신들이 많이 모였다. 처 당숙분이 혼례식 예법에 따르자면 각시는 신랑한테 두 번 절하고 신랑은 각시한테 한 번 절한다고 하면서 맞절을 시켰다. 그렇게 못한다면 신랑을 벌주겠다고 하면서. 그랬더니 각시가 불공평하다고 난리굿이다. 자기는 죽어도 두 번 절은 못하겠다고. 내 사정을 봐서라도 그렇게 하자고 통 사정을 해도 막무가내다. 결국 벌을 받을 수밖에 없었다.

주걱으로 발바닥을 때리는가 하면 젓가락을 손가락 사이에 끼워 넣고 돌렸다. 아팠다. 아프다고 비명을 질러도 각시는 아랑곳 하지 않고 요리저리 도망질이다. 애정의 결핍이었을까. 허기야 딱 두 번 만나보고 손목 한번 잡아보지 못한 채로 결혼을 하였으니 사랑은 무슨 사랑. 나의 비명소리와 하객들의 웃음소리가 그녀에겐 한 편의 코메디였을까. 피식피식 웃으며 즐긴다. 지금 생각해도 분하고 괘씸하기가 짝이 없다.

작금의 시대적 현상을 눈여겨보면 남존여비 시대에서 여존남비 시대로 넘어가는 과도기가 아닌가 싶다. 친정이 시댁보다 선순위인 경우를 가끔 보고 듣는다. 사위가 부엌에서 설거지를 해도 예사롭다. 대체적으로 아내 쪽보다 남편 쪽이 이혼을 많이 당한다. 이러다가 신랑이 각시에게 두 번 절해야 하는 세상이 오지 않을까 걱정스럽다. 시대의 흐름을 탓하기가 꼰대스러워서 구역질나지만 참는다. 남성들이여 분기奮起하라. 한평생을 마누라 등살에 짓눌려 살아가야 할 굴욕적인 세상을 그대들은 그대로 방치할 텐가.

모닝커피 한잔을 들고 창가에 앉아 살아온 인생길을 되돌아본다. 살다보면 이런 저런 일로 다투기도 하고 토라지기도 한다. 그래도 "어허!" 하고 헛기침 한 번 하면 조용히 꼬리를 내리던 그때 그 각시가 한없이 그립다. 지금은 성질내다가도 그녀가 씩씩대면 내가 꼬리를 내린다. 그렇게 하는 것이 속 편하게 사는 길이라고 말들하고 있으니 다음 세대에는 차라리 여자로 태어나고 말까 보다. 아니면 타임머신을 타고서라도 신랑은 한 번 절하고 각시는 두 번 절하던 그 시절로 되돌아가고 싶어라.

이보시게, 자네 그 무슨 뚱딴지같은 소릴 하고 있는가. 인공위성이 하늘을 날고 있고 피골이 상접한 여인이 당신과 함께 한 50년 세월을 흐느끼고 있는데, 천하에 몹쓸 사람 같으니라고.

그 날 이후로 나는 단 한 번도 아내의 세배를 받지 못했다. 이번 설날에는 맞절세배라도 꼭 한번 받아보고 싶다. 머잖은 인생, 서산으로 기울기 전에.

무전여행

 개구리가 잠에서 깨어난다는 경칩이 지나고 청보리밭 이랑사이로 산들바람이 분다. 중학교를 갓 졸업한 까까중머리 아이 하나가 부산에서 신바람을 몰고 온다. 60여 년 전 붐을 일으켰던 무전여행 바람, 돈 없이 가는 여행이라고 했더니 소꿉친구들이 호밋자루 내던지고 따라나선다.
 희미한 호롱불 등잔 아래에 네 명이 모여 앉아 작당모의를 했다. 비상금 조달이 문제였다. 고심 끝에 농부는 굶어 죽어도 먹지 않는다는 씨나락을 팔기로 했다. 부모님이 잠시 집을 비운 사이 고방문을 열고 목표물을 훔치는 순간, 우리집 씨나락이었는데도 왜 그렇게 겁이 났는지 진땀이 났다. 도적질은 도덕질이었나 보다.

거사 날 새벽, 4인조 결사대는 괴나리 봇짐을 울려 메고 동네 사람들의 눈을 피해 비탈진 산자락 언덕길로 줄행랑을 쳤다. 면사무소를 지나 들길로 접어들 때는 호밋자루에서 해방된 기쁨에 젖어 콧노래가 절로 나온다. "앵두나무 우물가에 동네처녀 바람났네. 물동이 호밋자루 나도 몰래 내던지고……."

뗏목 배를 타고 강을 건너 도착한 함안 군북 플랫트홈, 경전선 완행열차가 기적을 울리며 역 구내로 들어왔다. 기차를 생전 처음 보는 촌놈 일행은 연신 싱글벙글이다. 무임승차를 했다. 그들은 차창 밖으로 지나가는 풍경을 보며 신바람이 났지만 나는 마산에 가까워질수록 마음이 조마조마했다. 어떻게 하면 기차에서 탈출할 수 있을까, 궁리 끝에 중리 고갯마루에서 뛰어내리기로 작심을 했다. 하나 둘 셋, 겁도 없이 뛰어내렸다. 기차 탈출 성공. 옷에 묻은 흙먼지를 털털 털고 유유히 멀어져 가는 기차를 바라보며 하하하 웃는다. 통쾌하다. 쇼생크 감옥을 탈출할 때도 이런 기분이었을 게다.

가고파의 고향 마산항을 들렸다. 파도소리에 흠뻑 젖고 마산의 수호신 용마산에 올라 전경을 감상한 후에 진해로 넘어갔다. 이른 봄이었지만 마진고개 너머 벚꽃망울은 군

항제를 앞두고 봉긋봉긋하다. 진해에는 큰형님이 살고 계셨지만 그냥 지나쳤다. 풀빵으로 가볍게 저녁을 때우고 경화역 구내 벤치에서 새우잠을 잦다. 새벽녘이었다. 누군가가 구둣발로 툭툭 차면서 잠을 깨웠다. 등빨 좋은 깡패 형들이 소지품을 샅샅이 뒤진다. 양말조각 소금봉지 등등을 보고는 실망하는 눈치다. 그 시절에는 소금이 치약이고 손가락이 칫솔이었다. 사정없이 따귀를 때리고 비상금마저 몽땅 뺏어가 버렸다.

  무섭고 분하고 아팠지만 별 도리가 없었다. 눈물을 머금고 경화역에서 부산행 완행열차에 몸을 실었다. 기차를 타면 그렇게 신나하던 친구들이 말이 없다. 풀빵으로 저녁을 때우고 아침도 못 먹었으니 말할 힘도 없었다. 부산진역에 내렸다. 완전 빈털터리가 되어버린 우리가 갈 곳이라고는 전포동 삼촌 집뿐이었다. 갑작스런 방문에 숙모님은 깜짝 놀라신다. "숙모님, 배가 고파 죽겠어요. 밥 좀 주이소." 고봉밥과 따끈한 돼지국을 금방 내어 주신다. 마침 그 전날이 삼촌 봉급날이어서 돼지국을 끓였다고 했다. 천하에 그렇게 맛있는 성찬이 또 있을까. 그러나 기쁨도 잠시, 삼촌이 퇴근하여 우리들을 보고는 호통을 치신다. "보리밭은 우짜고 도망 왔냐고, 당장 내려가라고." 다음날 아침, 숙모님이 오천 환을 내 손에 꼭 쥐어주시며 "국수라도 사 먹어라."고 하실 때는 가슴이 울컥했다.

삼촌 집에서 나와 길 잃은 철새처럼 방향타를 찾지 못해 한참을 서성인다. 아무래도 기찻길이 지름길일 것 같아 경전선 철로 위를 걷기로 했다. 심심풀이 강냉이 박상을 두 봉지 샀다. 박상을 쪼개어 먹으며 철길을 터벅터벅 걸어가노라니 어느새 물금역이다. 철로길 언덕에는 파릇파릇 풀잎이 돋아나고 할미꽃도 옹기종기 꽃술을 머금고 있었지만 목이 마르고 다리가 아팠다. 밥 얻어먹을 시간이다.

초가집 돌담 너머로 이쁜 누나가 마당을 서성거린다. "물 좀 주이소."하며 집안으로 들어갔다. 물 한 사발을 꿀꺽 삼키며 "배고파 죽겠어요. 밥 좀 주이소."하고 통사정을 했다. "밥은 없고 죽 뿐이다."하며 시어빠진 희멀건 보리풀대죽을 내어왔다. 감지덕지 단숨에 먹어치웠다. 물금 누이와 오누이 같은 바이바이를 하고 삼량진 역으로 발길을 옮겼다. 내 생애 처음이자 마지막으로 먹어본 그 보리풀대죽의 새콤한 맛은 지금도 침샘을 자극한다.

어둑어둑 논두렁에 산 그림자가 내린다. 노을이 지고 밤바람이 쌀쌀한데 오늘은 어디서 잠을 잘까 걱정이 태산이다. 그때 마침 마을 어귀에 높다랗게 쌓아놓은 보릿대가 눈에 쏙 들어왔다. "그래 저기야. 저기가 우리 숙소야." 보 릿대 가운데를 동굴처럼 파내고 깔고 덥고 누웠다. 보릿대 호텔이다.

  이른 아침 보릿대를 털털 털고 일어나 낙동강 역에서 마산행 통근열차에 몸을 실었다. 무임승차다. 이제는 이력이 붙어 두려움도 불안함도 사라졌다. 돈 없이 하는 기차여행, 그것이 무전여행의 묘미가 아니던가. 마산역 역무원 아저씨의 호된 꾸지람을 뒤로하고 처녀뱃사공의 발원지인 함안 악양루를 향해 걸어서 갔다. 노 젖는 뱃사공을 바라보며 먼 길에 지친 몸과 마음을 노래로 씻어 내린다. "낙동강 강바람에 치마폭을 스치며……."

  떠날 때의 설렘과 감격은 간 곳이 없고 돌아올 때는 심신이 방전되어 무전여행이 고생바가지가 된다. 까까중머리 아이 네 명이 논두렁길을 터벅터벅 걸어서 집으로 간다. 지은 죄가 있어서 벌건 대낮에는 차마 집으로 들어갈 수가 없었다. 뒷산에 숨어 있다 해 질 무렵 어둠을 타고 살며시 집으로 들어갔다. "아이고 내 새끼 어디 갔다 인자 오노." 울 엄마 목소리, 육십년이 흘렀건만 지금도 귓전에 찡하게 맴돈다.

무전여행   177

삼박 사일간의 무전여행, 배고프고 힘든 고행길이였지만 뒤돌아보면 옛 친구들과 함께 했던 정겨운 추억으로 파노라마 친다. 걸쭉한 돼지국물의 숙모님도, 새콤한 보리풀대죽의 물금누나도, 호텔같이 포근했던 낙동강변의 보릿대 숙소도, 무임승차를 용서해 주신 역무원 아저씨도 모두가 큰 사랑으로 가슴에 안긴다. 경화역 깡패 형들도 개과천선 하였으리라.

　무전여행, 전錢을 초월하여 호밋자루 내 던질 만큼 신바람나는 여행은 아닐지라도 그 시절로 다시 돌아가라 하면 난 그 길을 또 다시 걷고 싶다. 일 년에 한 두 번 고향 길 나설 때면 그때를 함께 했던 옛 친구들이 한없이 보고 싶어진다.

머슴살이

 아침 밥상위에 한랭전선이 북서풍을 타고 휘몰아친다. 몇 숟가락 뜨다가 자리를 떨치고 일어난다. 가끔 냉전이 시작될 때면 피신하던 작은 방으로 꼬리를 내린다. 이보전진을 위한 일보후퇴 작전이다.
 감정을 추스르고 곰곰이 생각해 본다. 너무 심하다는 생각을 지울 수가 없다. 오늘 농원에 가기로 약속을 했었지만 태풍이 비바람을 몰고 온다고 하는데도 가야 하는지 알 수가 없다. 다음으로 미루자고 한 것이 그렇게도 그녀의 심기를 불편하게 하였을까, 약속도 안 지키는 파렴치로 몰아세운다. 그녀의 저기압을 당해 낼 길이 없어 작은 방으로 피신하여 TV를 켠다. 얼마나 지났을까, 세찬 바람이 불고 굵은 빗방울이 떨어지기 시작한다. 하늘이 영판 내 마음을 알아주는 것 같았다. 거실로 나와 그녀의 동태를 살핀다. 그녀는 아무 일도 없었던 것처럼 그림그리기에 빠져 있다. 길게 가면 손해 볼 것 같아 커피 한잔을 들고 슬그머니 그녀의 곁에 앉는다. "커피 한잔해요"라고 했더니 불쑥 하는 말, "오늘 농장에 안가길 참 잘했네요." 자고로 여자의 마음은 갈대라고 했던가.

태풍이 지나간 후에 무더위를 무릅쓰고 농원에 갔다. 조수석에 앉은 그녀는 쓴 소리를 한 것이 미안한 듯 자식들 이야기, 친구들의 이야기를 재탕 삼탕 주절주절 댄다. 알사탕도 입안에 넣어준다. 화해의 증거물이다. 여자가 서릿발 내리면 일단 피신하고 보는 것이 상책이라는 선인들의 지혜를 깨닫는 순간이다. 그래도 "여보, 내가 너무 심했지요. 미안해요."라는 그 한마디 하기가 그렇게 힘들었을까, 헤게모니 싸움을 할 시절은 이미 서산으로 기울고 황혼 길에 접어들었는데.

농원에 도착하자마자 물 한 컵을 따라주더니 작업지시를 한다. 옥수수를 먼저 따고 잡초를 제거하라고. 그것은 어명 같지만 아직도 내가 쓰임새가 있다는 존재의 이유이기도 하다. 큰 머슴으로 살아가지만 한 푼어치의 품삯도,

잔업수당도, 보너스도 없다. 언제나 무임승차다. 하지만 엉뚱한 방법으로 일조를 한다.

지난 봄 문텐로드 벚꽃 터널을 구경하고 돌아오는 길에 신호 위반을 했다. 교통경찰에게 "미안합니다. 좀 봐 주면 안 될까요?" 라고 통 사정을 하고 있는데 그녀는 갑자기 창문을 열고, "아저씨 예, 이 양반 맨날 위반하고 다녀요. 고마 콩밥 미기뿌소." 한다. 어이가 없다. 교통경찰도 신기한 눈빛으로 싱긋 웃어넘긴다. 언어의 역발상이 오히려 상대의 감정을 순화시키는 촉매제가 되는 것 같아 나도 피식 웃고 만다. 엉뚱하면서도 담대한 그녀를 좋아하는 건 나만의 특권이다.

현업에서 은퇴한 후에 생활의 패턴이 많이 달라졌다. 세월 따라 하나 둘 뚝뚝 끊어지는 인연으로 만남이 줄고 딱히 하릴없고 나갈 일 없으면 하루가 무료해진다. 잔소리를 먹고는 살지만 곁에 있는 아내가 소중할 수밖에 없다. 더군다나 큰 수술을 두 번이나 받아야 했던 그녀의 고통이 내 삶의 올가미가 된다. 나의 헌신이 우리의 행복을 연장할 수 있다면 어떠한 시련도 감내하려고 굳게 다짐을 한다. 엄청난 고통을 견뎌내고 아내의 자리로 돌아온 그녀가 얼마나 감사한지 모른다. 혹여 잘못되어 내 곁을 떠났다면 그 슬픈 고독을 내 어찌 감당할 수 있단 말인가.

　살아생전에 많은 추억을 남기고 싶어 여행을 많이 다닌다. 이제 장거리 해외여행은 자제를 하고 국내여행을 많이 다닌다. 설악동 주전 골을 섭렵하고 내연산 보경사의 사백년 묵은 탱자나무에 감탄하고 열두 폭포의 호쾌한 물살에 여독을 씻는다. 제주도 곶자왈의 태고 적 숲속향기를 심호흡하고 오대산 월정사와 상원사의 오솔길을 걸으며 산사의 고즈넉함에 젖는다.

　철없이 살아온 지난 세월이 개탄스럽고 50년 세월을 함께 해온 아내의 고마움에 감사하는 마음으로 머슴살이를 자원했다. 둘이 함께 씨 뿌리고 가꿔온 유기농 채소에 아삭한 오이냉국 한사발이면 힘든 하루도 시원하게 넘어간다.

　누가 뭐래도 나는 나머지 삶을 아내의 충직한 머슴으로 살아가련다. 여행길 나서면 모범 운전수가 되고 건강을 지켜주는 살뜰한 셰프가 되련다. 그것은 내가 짊어지고 가야 할 삶의 무게이며 하늘이 내게 준 숙명이다. 이젠 머슴살이가 참 편하다.

제5부

92병동

92
병동

아, 금강산

　수출의 역군으로서 숨어 있는 바이어를 찾거나 해외여행 바람을 타고 외국을 많이 다녔다. 그러나 장거리 비행의 권태로움과 체력의 쇠락으로 인한 무력감 때문에 이제는 해외여행을 자제를 하고 국내여행을 자주 다닌다. 방방곡곡을 유람하다 보면 어느 곳 하나 빠지지 않는 아름다운 산과 바다를 만나고 경이로운 숲과 골짜기를 만난다. 비단을 아름답게 수놓은 것 같다고 하여 이름붙인 금수강산, 수많은 강산 중에 아직도 가슴을 뛰게 하는 그곳을 잊을 수가 없다. 금수강산 중의 금수강산 금강산, 가슴 뭉클한 민족의 산, 아무 때나 쉽게 갈 수 없는 한 맺힌 산, 꿈속에라도 가고 싶은 아름다운 산이다.

현대에서 금강산 관광 상품을 개발하여 2003년도부터는 육로여행이 가능했다. 냉전시대가 막을 내리고 남북 평화의 이정표가 세워지는 것 같아 만사를 제쳐놓고 금강산으로 회갑기념 여행을 가기로 했다. 서류 심사를 거쳐 회사 이름과 성명이 새겨진 명찰을 목에 걸고 강원도 고성에서 버스를 타고 남북 분계선을 넘었다. 북한 인민들이 빤히 쳐다보며 검문을 할 때는 간이 콩알만큼이나 조여드는 기분이었다.

떨리는 가슴으로 금강산행 버스에 올랐다. 차창으로 보이는 북한의 산들이 모두가 민둥산이다. 청산은 간 곳이 없고 발가벗은 산맥이 모두가 황갈색이다. 이따금씩 군용차량이 인민군을 가득 싣고 지나간다. 아, 여기가 북한 땅. 길은 지척이건만 긴 세월을 돌고 돌아 육십년이 걸려 오게 되다니, 분단의 아픔이 가슴을 아리게 한다.

온정리 장전항 바다 위에 떠 있는 해금강 선박호텔에 짐을 풀었다. 휘둥그레 사방을 둘러본다. 좌측으로는 장엄한 집선 봉이 병풍처럼 펼쳐져 있고 우측으로는 노적봉이 우뚝 솟아있다. 신비롭고 수려한 풍광에 가슴이 심하게 진동한다. 온정 각에서 본토 평양냉면을 맛나게 먹고 쿵쾅거리는 마음을 달래며 관광길에 나섰다. 차도 양쪽으로 금강송이 줄을 섰다. 북한 말투였지만 버스 안내양의 상냥한 멘트와 활짝 핀 미소는 움츠린 마음을 녹여 주었고 한민족 한 핏줄이라는 생각이 조마조마한 가슴을 열어 주었다.

바다풍경의 극치 해금강보다 산수의 극치인 만물상 코스를 택했다. 신선이 내려와 굳어졌다는 삼선 암을 지나 만물상을 한 눈에 볼 수 있는 천선대에 올랐다. 천태만상의 일만 이천 봉이 구름을 타고 중천에 떠있다. 주봉인 비로봉을 필두로 하여 영랑봉 옥녀봉 상릉봉이 창공으로 솟아오른다. 그림으로만 보았던 만물상, 과히 절경이었다. 가슴이 터질 것 같은 황홀감에 눈물이 핑 돈다. 감정이 심하게 솟구치면 감탄사마저도 숨을 죽인다. 모두가 무아지경이다.

목화솜 같은 솜구름이 능선을 타고 강강술래를 하는 일만이천봉을 만끽하고 아홉 마리의 용이 노닐었다는 구룡폭포로 발길을 돌렸다. 비단필을 주렁주렁 드리운 것 같은 화강암 절벽을 타고 은빛 물결이 물안개 속으로 우렁차게 흘러내린다. 우레와 같은 폭포물소리, 심산유곡을 타고 불어오는 상큼한 바람, 사방으로 펼쳐져 있는 장엄한 풍경은 과히 팔선녀가 홀딱 반해 상팔담에서 목욕을 할 만큼 비경 중의 비경이었다.

안내원 아가씨가 내 목에 걸린 명찰을 보고 뭐하는 회사냐고 물었다. 수출하는 회사라고 했더니 "텔레비전은 LG가 좋아요, 삼성이 좋아요?" 하며 묻는다. 어느 나라로 무엇을 수출하냐고 졸졸 따라다니며 자꾸자꾸 묻는다. 그곳은 북한 땅, 잘못 말하면 잡혀 갈까봐 두려움이 도져 슬그머니 꽁무니를 빼고 말았다. 지금 생각하면 어처구니가 없고 그녀에게 미안한 마음이 든다. 생긋생긋 웃는 모습이 천연했는데 가슴 깊숙이 자리 잡은 반공이념이 그녀를 따돌리고 말았던 것이다.

북한 명승지에는 요소마다 붉은 글씨로 김일성 숭배 글귀가 새겨져 있었다. 그 곳은 성역이고 통제 구역이다. 천선대에서 내려오는 길이었다. 사방으로 펼쳐지는 비경에 넋을 잃고 그만 통제구역 안으로 발을 헛딛고 말았다. 보초를 서고 있던 감시원이 달려왔다. "싸게 싸게 나오시오." 아내가 급하게 나를 끌어당기며 "잘못했어요. 용서해 주세요." 하고 읍소를 한다. 성역을 침범하면 주석모욕죄로 벌금을 부과했던 그 시절, 아내의 간청이 감시원의 마음을 녹였는지 훈방 조치를 해 주었다. 지금 생각해 보면 아찔하면서도 가슴시린 민족의 자화상이다.

겸재 정선 선생을 비롯하여 많은 화가들이 화폭에 담고 싶어 했던 산수의 절경 금강산, 신라의 마지막 왕손 마이태자가 나라 잃은 슬픔을 안고 금강산에 입신할 때 머리를 삭발했다는 단발령고개가 신라 천년의 슬픔으로 다가왔다. 비단 옷이 부끄럽다며 찢어버리고 삼베옷을 걸쳤다 하여 후세에 마이태자로 불리 운다. 고려의 쌀밥을 먹느니 차라리 신라의 칡을 먹겠다고 하는 충절이 진한 감동으로 다가왔다.

개성공단과 함께 남북협력의 상징사업이었던 금강산 관광은 2008년 초여름 날에 한방의 총성으로 끝이 나고 말았다. 새벽산책을 하던 남한여성을 인민군 초병이 총질을 한 소위 박왕자 사건이다. 내가 금강산을 다녀온 지 삼년이 지난 시점이었다. 남은 여생이 길지 않아 다시는 갈 수 없을 것 같은 금강산, 십 오년 전 그날의 그 순간 그 풍경들이 꿈만 같아라.

그 곳에 다시 한 번 가고 싶다. 처음보다는 보다 열린 마음으로 기암절벽에 아슬하게 기대 선 나목 한 그루, 영겁의 세월이 묻어나는 돌부리 하나, 일만이천봉에 떠가는 구름 한 조각이라도 놓치지 않고 마음에 담고 사진에 담아 오고 싶다. 구룡폭포에서 그때 그 안내양을 다시 만나면 다정한 음성으로 말해주고 싶다. 텔레비전은 LG든 삼성이든 모두가 초일류 제품이라고, 어깨를 토닥토닥 두드리며 민족통일의 그 날까지 힘들어도 참고 견뎌 달라고. 그날이 오면 우리 모두가 하나 되어 희망의 찬가를 목 놓아 부르자고.

천선대 올라가는 길, 삼선암 절벽 끄트머리에 고고하게 서 있던 주목나무 한 그루, 살아 천년 죽어 천년 아직도 썩지 않고 모진 세월을 견뎌내고 있을까. 평화의 물결이 금강산에도 한라산에도 넘쳐흐르는 그 날의 벅찬 감동을 뜬 눈으로 보고 뛰는 가슴으로 맞이하고 싶다. 그날이 언제 오려나.

92병동

S병원 92병동 930호, 세상에 태어나 세 번째로 입원한 병실이다. 30년 전 망막박리라는 안과질환에 크게 낙심했던 기억과 치루라는 항문 질환으로 아파했던 기억들이 되살아난다. 그때는 왜 나한테만 못된 질환이 괴물처럼 나타나 나를 괴롭힐까 원망도 많이 했었다.

태풍이 지나간 자리, 감기기운이 있었다. 여름감기는 개도 하지 않는다는 생각에 소홀히 했더니 달포가 지나도록 감기가 떨어지지 않았다. 큰 딸의 등살에 못이겨 가까운 S병원 소화기내과로 갔더니 감기가 늙어 폐렴 초기란다. 이럴 수가. 미련한 놈이라고 자학도 해보았지만 돌이킬 수 없는 일, 환자복으로 갈아입고 병상에 눕는다. 창밖을 바라보니 만감이 교차한다. 여행을 자제했더라면, 밤늦은 소주잔을 사양했더라면, 초기에 감염 바이러스를 박살을 냈더라면 이렇게 되지는 않았을 텐데, 때 늦은 후회가 막급이었다.

맞은 편 침상에는 젊은이가 입원해 있었다. 젊은 여성이 병실을 들락거리며 간병하는 모습이 기특하여 "이보게 젊은이. 어디가 아파서 왔소?" 라고 말을 건네고 싶었지만 입 안에서만 뱅뱅 돌았다. 나의 충언이나 고언이 꼰대의 망언으로 비춰질 것 같은 두려움 때문이었다. 길에서 젊은 여인과 눈이 마주쳤는데 왜 흘겨보냐고 발길질하는 세상 아니던가.

말 한마디 주고받지 못한 젊은이는 퇴원을 하고 그 자리에 동년배인 K선생이 입원했다. 자연스럽게 대화의 문이 열렸다. 그는 다변가였다. 대화에 큰 울림이 없었으나 기억에 남는 얘기 하나가 감정을 건드린다. 묻지 마 관광여행 후일담, 곱살스런 여인이 곁에 앉아 이것저것 챙겨주고 말벗되어주는 마음씨가 너무 좋았다고 했다. 한 순간 스치고 지나가버릴 여인의 숨결이 아쉽고 썸 인연을 만들고 싶어 그녀와 별도의 만남을 약속하게 된다.

그녀를 만나는 날, 설레는 마음을 주체하려고 맹물을 들이키며 그녀를 기다렸으나 한 시간이 지나도록 그녀는 나타나지 않았다고 했다. 헛된 바람이 쓸고 간 텅 빈 가슴에는 배신의 멍 자국만 남을 수밖에.

곱상한 여인을 만나면 가슴이 뛴다는 통설, 그 유혹의 속셈이 오늘날 황혼 이혼의 단초를 제공하는 것 같아 마음이 씁쓸해졌다. 한 집에 살고 있다는 그의 부인은 한 번도 병실에 나타나지 않았다.

바로 옆 침대에는 J선생이 입원하고 있었다. 어느 날 간호사와 승강이를 벌이더니 그만 병실바닥을 나뒹굴며 땡깡을 부렸다. 그 작태가 너무 보기 싫어 상종을 하고 싶지 않았다. 그런데 어느 날 오후 "내 얘기 좀 들어볼래요." 하며 대화를 청해 왔다. 거절할 수가 없었다. 기막힌 인생역정을 토해 낸다. 젊은 시절에는 유명한 조직폭력배 칠ㅇ파의 일원이었으며 중등학교 중퇴이면서도 여대생을 유혹하여 속도위반 결혼을 했다. 중년에 전자대리점과 포목상을 하여 큰 재물을 모았었다고 한다. 그러나 부인이 세상을 떠난 후에 수억의 현금자산을 큰아들에게 맡기게 되었는데 그것이 비운의 불씨가 될 줄이야. 몇 년 후에 '가족동반자살'이라는 대서특필의 당사자가 바로 큰아들가족이었으니.

아들은 증권과 도박으로 재산을 탕진하였고 이에 격분한 J선생은 아들을 질책하며 부자지간의 천륜을 끊어버렸다. 삶의 의욕을 상실한 아들은 결국 부인과 딸을 차에 태운 채로 바다로 돌진하고 말았던 것이다.

비통한 장례식이 끝나고 돌아오는 길, 작은 아들은 형님의 비운을 슬퍼하기보다 아버지에 대한 원망이 더 컸었다. 그 많은 현금을 큰아들에게만 주었다는 원성은 거친 항변으로 치달았고 이에 격분한 J선생은 작은 아들과의 인륜마저도 끊어버렸다. 이렇게도 기구한 가족사가 또 있을까! "난 정말 세상을 헛살았소. 자식새끼 다 필요 없어요." 한숨지우며 돌아눕는 J선생의 말년인생이 그렇게 처연할 수가 없었다. 물처럼 살라는 노자의 말이 생각났다. 물은 유연하고 부드럽다. 어떠한 경우에도 본질을 변치 않으면서 물길에 순응한다. 우리 인간의 본질은 무엇일까. 자식의 부모에 대한 효심, 부모가 자식에 대한 무한 사랑이 인간의 내면에 흐르고 있는 본질이 아닐까. 하나밖에 없는 혈연일진데 부디 효심과 부정父情으로 용서하고 융합하여 가정의 행복을 찾으시길 빌어본다.

열하루 동안의 병상생활, 그곳에서 나는 세대 간의 간극을 체험하였고 황혼이혼의 단초를 목도하였으며, 부자지

간의 천륜이 망가지는 불행을 보았다. 휠체어에 몸을 싣고 더디게 굴러가는 이름 모를 할머니의 뒷모습을 보면서 생로병사의 의미도 가슴으로 새겼다. 삶이란 죽음으로 가는 여행인 것을!!!

퇴원하는 날, 92병동 엘리베이터 안에서 아내 왈, "여보. 우리 집까지 걸어갑시다." 기가 막혀 옆에 타고 계신 아주머니에게 물었다. 퇴원하는 사람을 택시는 못 태워 줄망정 걸어가자고 하는 사람 세상에 또 있을까요. 아주머니 대답이 밉상이다. "아저씨예, 운동 삼아 걷는 기 좋지 예." 초록은 동색이었다.

병원에서 집까지 걸어서 25분 거리, 고운 햇살 등에 업고 살포시 내미는 아내의 손을 잡고 걸어서 집으로 갔다. 아픔 뒤에 움츠린 사랑의 온열이 손끝에서 가슴팍으로 따스하게 전해온다. 집 앞 '서울깍두기' 설렁탕 값을 그녀가 계산했다. 참 드문 일이다. 아파봐야 정을 안다.

인향만리

 오늘은 예술동아리에 가는 날 새벽같이 일어나 샤워를 한다. 젊은 여성들이 득실대는 그곳에 노령의 냄새를 숨기기 위해서다. 완벽주의 정신으로 향수까지 분사하려다가 참았다.
 나이가 들면 노화냄새가 난다. 중성지방산이 산화하는 과정에서 발산되는 물질, 노네랄 때문이다. 생리적 현상을 근원적으로 제거할 방법은 없겠지만 몸을 깨끗이 하고 화장요법을 곁들이면 숨길 수는 있다.
 체취는 대인관계나 사회생활을 하는데 있어서 주요한 역할을 한다. 미팅자리에서 생리적 현상을 참지 못하고 가스냄새를 풍기면 미녀를 쟁취할 수가 없다. 해외바이어들과 중요한 상담을 하는데 마늘냄새를 풍긴다는 건 상상도 못할 일이다. 연륜이 경과할수록 몸단장 입단장을 하고 노네랄 냄새를 숨기려는 노력은 늘그막 사회생활의 기본예절이 아닐까 굳게 믿는다.

　오십대 후반 젊은 나이에 지인들로부터 주례청탁을 받고 멈칫한 적이 있었다. 심적 부담이 컸지만 그들의 진솔한 부탁을 거절할 수가 없었다. 진정으로 그들의 미래를 밝게 열어주고 싶어 말 한마디 한마디에 정성을 쏟았다. 관용과 상호존중의 미덕을 깨우치고 역경과 아픔을 사랑으로 감싸주는 덕목을 심어주려고 최선을 다했다. 아이러니하게도 내 아이들의 결혼식은 주례선생님 없이 웃음과 감동이 넘치는 축제의 장을 만들어주고 싶었다.

　따뜻한 봄날, 파도가 넘실대는 해운대 P호텔 카프리 룸에 한 쌍의 신랑신부가 나란히 섰다. 신랑 아버지의 축사 시간, "주향백리 화향천리 인향만리." 라는 경구를 인용하였다. 술 향기는 백리를 가고 꽃향기는 천리를 가지만 사람의 향기는 만리를 간다는 중국 남북조시대 송계아의 이야기에 나오는 말이다.

　인향만리를 주제로 하여 부부중심사회의 역할을 강조하였다. 인품이 온후하고 덕이 높으시며 매사를 사랑으로 배려하는 사람을 우리는 향기로운 사람이라고 말한다. 꽃의 향기는 바람결에 흩어지지만 사람의 향기는 마음속에 남아 오랫동안 향기를 풍긴다는 의미를 되새겨 주었다. 호락호락하지 않은 세상 "정신 똑바로 차리고 살라."는 충언과 함께 꽃향기에 나비가 날아들듯이 벗과 이웃이 찾아드는 향기로운 사람으로 거듭나라는 당부의 말도 빼먹지 않았다. 아플 때나 힘이 들 때 기댈 언덕이 되라는 의미를 담아 축시를 낭송했다.

그대여,
살다가 힘이 들고 허허로울 때
작고 좁은 내 어깨지만 그대 위해 내 놓을게요.
잠시 그 어깨에 기대어 눈을 감아요.
나도 누군가의 작은 위로가 될 수 있음에
행복해 하겠습니다.

신부의 여동생이 자매간의 애증愛憎을 담은 편지를 나긋한 음성으로 낭독을 했다. 웃음과 감동이 교차하는 한편의 모노드라마다. 신랑 친구들이 가벼운 댄싱으로 축가를 부르고 신랑신부는 사랑의 키스를 연출한다. 카프리 룸에 축복의 세레나데가 울러 퍼지고 레드와인의 향기가 자욱하게 파도를 탄다.

 사는 동안 많은 부류의 사람을 만난다. 만날수록 정감이 가고 공명이 오래 머무는 향기로운 사람이 있는가 하면 악취를 풍기는 사람도 있다. 세상이 온통 불구덩이고 불만으로 가득 찬 사람을 만나면 마음이 거북해 진다. 나 또한 향기로운 사람으로 거듭나기 위해 안간힘을 써 보지만 때로는 자신도 모르게 헛말이 튀어나온다. 돌아서서 후회하지만 뱉은 말은 되돌릴 수가 없으니 두고두고 통한으로 남는다. 삼사일언三思一言을 삼사일행三思一行을 되뇌어 보지만 싶지가 않다. 인격도야人格陶冶는 죽도록 지켜야 할 삶의 가치이기에 일구월심日久月深으로 분발하리라.
 예술동아리에 가는 날이면 언제나 아침 샤워를 하고 계절의 향기가 묻어나는 옷으로 몸단장을 한다. 오딧세이 스킨로션을 듬뿍 바르고 거울 앞에서 표정관리를 한다. 그리고 가슴을 쫙 펴고 꼿꼿하게 걷는다. 마음의 양식을 얻기 위해 글밭을 가꾸고 황혼의 삶을 회개하며 명상에 잠긴다. 마음의 양식은 향기를 수반하니까.

한번 왔다가는 인생, 살아지는 날까지 힘이 넘치고 향기로운 사람으로 기억되고 싶어라.

전업 주부

 어느 날 갑자기 불어 닥친 회오리바람, 그녀의 중환重患은 나의 일상을 일시에 바꾸어 놓고 말았다. 전업주부 역할, 예기치 못한 현실 앞에 순응할 수밖에 없는 처지가 두려웠지만 나 아니면 안 된다는 절체절명의 상황을 접수할 수밖에 없었다. 그 세월이 어느새 2년차에 접어든다.
 해질 무렵 장바구니 캐리어를 끌고 동네 재래시장 통을 서성인다. 오늘은 과일과 채소를 장보는 날, 콩자반, 깻잎 등 밑반찬 종류는 단골집으로 직행하면 되지만 과일과 채소는 신선도가 생명이라 구매하기에 신경이 쓰인다. 이곳저곳을 눈여겨 살핀다.
 재래시장에 가면 반찬가게가 즐비하다. 가게마다 반찬

종류가 엇비슷하지만 맛은 제각각이다. 처음에는 시식용 구매를 했지만 지금은 입맛에 맞는 단골가게가 정해져 있어 시장보기가 수월하다. 대구탕 사장님은 나를 알아보고 국물을 듬뿍 담아 포장해 주고 난장의 가자미 할머니는 가자미 한 마리를 덤으로 덥석 얹어주기도 한다. 안면이 쌓이고 쌓여 후덕하게 베푸는 그들의 선심이 정겹기만 하다.

아무리 맛나는 반찬이라도 연달아 먹으면 질린다. 밑반찬은 기본적으로 다섯 가지, 국과 곰국은 세 가지 정도를 준비해 두었다가 순번대로 상을 차린다. 1식에 3찬 1국을 기본으로 한다. 소고기를 살짝 볶은 야채 계란말이를 곁들이고 생선은 일주일에 두세 번 구워 먹는다. 삼겹살 구이와 알배추를 쌈장으로 쌈싸 먹는 맛은 별미이다. 아침에는 샐러드를 즐겨 먹는다. 사과, 오이, 토마토를 주로 하여 양상추나 오크상추를 찢어서 넣는다. 블루베리나 견과류를 첨가하면 금상첨화다. 드레싱은 참깨 소스를 주로 한다.

역지사지 당해 봐야 알게 된다는 말이 있다. 이제는 주부님들의 고충과 스트레스를 알 것 같다. 최고의 밉상은 상차림을 다해 놓았는데 좌정하지 않고 딴전을 피우는 경우이다. 쓰잘데없이 부엌에 들어와 이러쿵저러쿵 간섭을 한다거나 계란 후라이에 노른자가 터졌다고 잔소리를 해

대면 잘 볶아 지던 볶음밥도 탄내가 난다. 울화가 치밀어 당장 전업주부 역할을 때려치우고 싶지만 도피처가 없다. 내 삶이 다하는 날까지 짊어지고 가야 할 운명이기에 아내의 숱한 잔소리와 짜증을 한 맺힌 가슴으로 삭힐 수밖에.

내가 터득한 진리, 부엌에는 오로지 한사람이 있어야 한다. 둘이 있으면 시끄럽다. 수저통에는 한 종류로 통일해야 한다. 흑수저 은수저 금수저가 섞여있으면 수저 놓기가 성가시다. 울화가 치밀면 대청소를 한다. 그래야 숨을 쉴 수가 있다. 이 세상 남편들에게 경고한다. 밥상이 차려지면 지체 없이 식탁 앞에 좌정하라. 밥상머리에 앉아 군소리를 하지마라. 음식이 입맛에 맞지 않아도 맛있는 척 하라. 젓가락을 이리저리 돌리면서 짜니 싱겁니 하는 것은 정말 밉상이다. 스트레스의 원천이다.

상차림은 결코 쉬운 일이 아니다. 메뉴의 다양성은 물론 맛과 영양과 소화까지 신경을 쓰다보면 때로는 머리가 띵해온다. 전업주부의 월평균 가사노동 가치가 팔십에서 백삼십 정도라는 평가보고서를 본 적이 있다. 정해진 근무시간도 없이 밤낮으로 가사에 전념해야 하는 주부들의 입장에서 보면 터무니없는 금액일 것이다. 가사노동이 법률적으로 평가받고 생산가치로 인정되는 것은 고무적이지만 나의 경험치로는 평가액보다 몇 배의 가치를 부여하고 싶다. 이 세상 모든 주부님들에게 격려와 고마움 그리고 응원의 박수를 보낸다. 50여 년 동안 나의 입맛에 익은 손맛으로 상차림을 해준 아내에게 심심한 경의를 표한다.

팔순을 바라보는 나이에 운명처럼 다가선 전업주부생활, 정성을 다하여 차려진 식탁위에 웃음꽃이 피고 맛깔스럽게 먹고 난 빈 그릇을 보면 마음이 흐뭇해진다. 나의 지극 정성이 하늘에 닿아 지금처럼 "맛있겠네." 하며 입맛 다시는 아내의 모습을 오래오래 보고 싶다. 먼 길 떠나간 후에 당신이 내게 남긴 잔소리마저 그리울 때면 그 슬픈 고독을 내 어찌 감당할 수 있단 말인가. 차라리 나 떠난 후에 따라 오시게나. 소원일세.

낙상에서 얻은 교훈

　장안사 오솔길, 모진 병마로 생사의 고빗길을 간신히 돌아 나온 후 1년 만에 해보는 봄나들이다. 억눌린 가슴이 열리는 듯 그녀는 출렁다리에 올라 소녀 같은 미소를 지으며 사진을 찍고 휘늘어진 능수매화 향기에 흠뻑 젖는다. 홍매화 붉은 순정에 넋을 잃고 떠날 줄을 모르더니 끝내는 하얀 목련꽃 망울망울에 감격의 눈물을 적시고 만다.
　꿈에도 그리던 봄 마중이다. 연초록빛 봄의 추임새가 야위어진 아내의 마음을 달랠 수가 있다면 감지덕지다. 이렇게 따스한 햇살로 가슴을 데우고 봉긋봉긋 피어오른 꽃망울에 감격의 눈물을 적신다는 것은 기적과도 같은 일이다. 수술성공률 20프로, 수술실 앞 벤치에 앉아 숨 막히는 공포 속에서 오직 하느님의 가호만을 염원했었다. 한 가닥 가녀린 생명의 끈이라도 붙잡고 싶었다. 간절한 염원이 하늘에 닿았는지 그녀가 다시 내 곁으로 돌아왔다. 수술 시간 열두 시간의 꿈같은 기적이다.

출렁다리 건너 쉼터에서 잠깐의 휴식을 취한 후에 부처님 뵈러 내려오는 길이었다. 꿈같은 나들이에 벅차오르는 가슴을 가누기가 힘이 들었을까 아니면 봄의 향연에 눈이 부셨을까, 화장실을 간다는 사람이 그만 길바닥에 '퍽'하고 쓰러진다. 이마에도 콧잔등에도 입술에도 선혈이 낭자하다. 하느님도 무심하시지, 어찌 이런 일이 그녀에게 일어난단 말인가, 어쩔 줄 몰라 하던 그때 묵직한 바리톤 음성이 들린다. "어르신, 차가 있습니까? 할머니 병원 가셔야겠는데요." 여차하면 자기 차로 병원으로 모시겠다는 배려심, 요즈음같이 삭막한 세상에 이렇게도 고마운 분이 있을 줄이야.

연령은 나보다 아래인 중년부부였으나 대인배 같은 사람에게 감읍할 수밖에. "예, 차가 있습니다. 말씀 고맙습니다."라고 깍듯이 인사를 올렸다. 비록 피로 물든 상처가 마음을 아프게 했지만 그 와중에서도 온정의 수혜자가 된 것 같아 한결 마음이 가벼워진다.

역지사지, 입장을 바꾸어 생각해 본다. 내가 만약 그 자리에 있었다면 어떤 처신을 하였을까. 과연 핏물 낭자한 할머니에게 구원의 손길을 내밀었을까, 아마도 모른척하고 지나갔을게다. 남의 일에 괜스레 관여했다가 구설수에 오르거나 병원으로 모시고 가다 예기치 못한 사고로 낭패를 당할 수도 있으니까. 아무리 생각을 해 봐도 생면부지인 그분의 배려심이 더없이 아름답게 느껴진다. 아름답다는 말은 정녕 이런 때에 쓰는 것이 아닐까 하는 생각마저 들게 한다.

그날의 끔찍한 사건이 있은 후에 아내의 상처 부위는 쉬이 아물었다. 비록 낙상落傷의 아픔은 컸지만 고마운 분을 만나 마음의 위안을 받은 것이 쾌유의 원동력이 아니었을까 싶다. 그분을 다시 만날 수만 있다면 두터운 인연을 가꾸고 싶은 마음이 간절하다. 비록 도움은 받지 않았으나 진정한 삶의 가치를 깨닫게 해 준 분이기에. "친절은 세상을 아름답게 한다."는 톨스토이의 명구를 가슴에 새긴다.

해맑게 잠든 아내의 모습을 볼 때마다 상처의 흔적을 살피게 된다. 돌발 상황에 어쩔 줄 몰라 허둥대던 나에게 온정을 베풀어 준 그 사람이 생각난다. 조건 없는 배려, 각박한 세상에 아무나 할 수 있는 일이 아니다. 이번 일을 계기로 나 역시 박애 정신으로 깨어나고 싶다. 곤경에 처한 사람에게 서슴없이 손 내밀어 주겠노라고 굳게 다짐을 한다. 나의 정신적 물리적 배려의 에너지가 누구에게 따뜻하게 전달된다는 것은 큰 기쁨이며 세상을 밝게 하는 값진 삶이 아닐까 생각된다. 아픔 뒤에 철이 드나보다. 사랑도 작은 배려에서 온다는데 진즉에 알았더라면 후회 없는 삶을 누릴 수가 있을 텐데 만시지탄이다.

세상에는 자기 편의만을 위한 이기적인 사람들이 득실댄다. 하지만 타인의 상처를 내 몸처럼 보살피고 그들의 아픔을 따뜻하게 배려해주는 사람도 있다는 생각에 마음이 흐뭇해지는 봄나들이였다.

"남이 위급할 때는 건져주라."는 명심보감의 금언金言을 명심하게 한 봄나들이, 낙상의 고통 속에서도 한 아름 배려의 꽃을 가슴으로 안는 하루였다. 배려의 꽃이 만발하면 세상은 더욱 아름다워지리라.

환자와 의사 사이

의사 1

건방지다. 무례하기가 짝이 없다. 아들 같은 녀석이 언사에서부터 행동거지가 막돼먹었다. 아무리 눈꺼풀이 무거워도 그렇지 어디 얼굴이나 쳐다보고 얘기하면 주둥아리가 덧나나, 눈을 내리깔고 툭 던진다. "껌 씹지 마시오."

마음이 편치 않았다. 냉소적으로 내뱉는 말투와 건방진 자세가 맘에 거슬린다. 지깐 놈이 뭔데 갑질이야. 그러나 참았다. 아픔을 치유해 주시는 의사선생님인데 감정을 삭이며 껌을 씹지는 않고 입안으로 깊숙이 숨겼다. 이제 처방전만 받으면 그 녀석과의 대면은 끝이다. 그런데 이이가 또 염장을 지른다. 이번에는 노골적이다. "껌 뱉어요."

껌을 씹지도 않고 입속에 숨기고 있는 것이 그리도 진료에 방해가 된단 말인가, 혈압이 올라 더 이상 앉아있을 수가 없었다. 나도 모르게 진료 차트를 내동댕이치며 "내 죽는 한이 있더라도 당신한테는 진료받지 않겠다."고 소리치며 진료실 문을 박차고 나와 버렸다. 그렇게 통쾌할 수가.

원수는 외나무다리에서 만난다고 했던가. 얼마 후에 내가 사는 아파트 건널목 모퉁이에 ○○○ 내과의원이 들어선다. "껌 뱉어요." 하던 그녀석이다. 그에게 다시는 진료받을 일은 없겠지만 출퇴근길에 마주칠까봐 신경이 쓰인다. 그때 내가 조금만 더 참았더라면 좋았을 텐데 감정을 다스리지 못한 내가 후회스럽다. 마음의 짐이다.

의사 2

새벽잠을 설쳤다. 화장실을 가려는데 오른쪽 엄지발가락이 비명을 지른다. 어제 저녁때만 해도 아무렇지 않던 발가락이 밤사이에 벌겋게 부어오른다. 절룩거리며 택시를 타고 정형외과로 갔다. 년만하신 의사선생님이 발가락뼈 속으로 주사기바늘을 찔러 넣고 좌우로 휘젓는다. 죽을 것만 같아 "아야! 아야!" 하고 비명을 지른다. 바람이 스쳐도 아프다는 통풍痛風, 관절 부위에 요산이 쌓여 염증을 일으키는 몹쓸 병이다. 뼈 주사는 정말 죽음보다 싫다.

　진구에서 남구로 이사를 했다. 아파트 턱밑에 정형외과 간판이 눈에 들어온다. 고통스러웠던 뼈 주사의 트라우마가 오버랩 되어 마음속으로 제발 좀 뼈 주사만은 아니길 기도한다. 얼마 후에 친구들과의 과음으로 그놈의 통풍이 도진다. 처음으로 집 앞 정형외과를 찾았다. 사십 대 후반쯤의 의사선생님이다. 첫마디에 뼈 주사를 놓느냐고 물었더니 아니라며 엉덩이 주사 두 대와 약으로 단번에 통풍을 잠재워 준다. 구세주를 만난 기분이었다. 똑같은 질병인데도 의사에 따라 처방이 이렇게 다르다니, 쾌재를 부른다. 그런데 이건 또 무슨 부조화인가. 담당의사의 의술은 대만족인데 환자를 대하는 예절이 가당찮다. 어투가 퉁명스럽다. 무릎이 시큰거려 "만보를 걸으면 안 될까요?"라고 물으면 "알아서 걸으세요. 아프면 말고." 이런 식이다. 보다 세심한 의학적인 용어로 환자의 마음을 쓰다듬어주면 얼마나 좋을까. 퉁명스런 응답이 맘에 거슬려 다른 병원으로 옮겨볼까 해도 뼈 주사의 트라우마가 옷깃을 잡는다. 꼼짝없이 십 년이 넘도록 그에게 나의 통풍을 맡기고 있다. 그와 나의 의료 관계는 필연인가 보다.

의사 3

어느 날 갑자기 왼쪽 귀에서 주야장천 매미가 울어댄다. 새끼를 쳤는지 2년 후에 오른쪽 귀에서도 매미 소리가 들린다. 웽 하는 매미 소리에 신경이 곤두선다. TV의 음량을 올려야 알아듣는다. 수강을 할 때도 마이크 소리보다 육성이 듣기에 편하다. 어느 날 대학병원에 근무하는 큰 사위가 정밀검사를 하자며 나대신 진료예약을 했다. 예약된 시간 2시 정각에 접수를 하고 한참을 기다려도 호명을 하지 않기에 간호사에게 따졌더니 그제 사 의사 면담을 하고 검사실로 인도한다. 검사를 마치고 또 한참을 기다려도 호명을 하지 않는다. 2시에 예약한 진료가 5시를 훌쩍 넘어서 끝이 났으니 가슴이 부어올라 의사선생님께 한마디 한다. "진료한 시간은 불과 5분인데 기다린 시간은 3시간이 넘었으니 이건 뭔가 잘못된 것 같소. 진료 예약 시스템을 고치시오."라고. 갑작스런 질타에 정색을 하며 "예, 알겠습니다. 미안합니다." 한다. 의료서비스의 개선이 꼭 필요한 사안임을 깨우치고 싶어 한 말이지만 지금 생각하면 시건방진 것 같아 마음이 쓰인다. 그날 저녁 사위한테서 전화가 왔다. 아버님, 오늘 병원에서 "진료 예약 시스템을 고치시오."라고 하셨다면서요." 조금만 참을걸. 사위 체면을 봐서라도.

  의사와 환자의 만남은 우연이지만 때로는 필연일 수도 있다. 우연에서 필연으로 가려면 상호 간에 신뢰와 의술이 융합되어야 한다. 고압 자세나 무성의한 답변은 환자를 더욱 아프게 한다. 그렇다고 나처럼 일시적인 감정을 다스리지 못하고 진료 차트를 내동댕이치는 개망나니 짓은 하지 말아야 한다. 그때는 왜 그랬을까, 참지 못한 후회가 내내 마음에 켕긴다. 사는 날까지 짊어지고 가야 할 삶의 무게다.

  의사를 선생님이라고 부르는 이유는 환자의 마음을 쓰다듬어 주고 죽는 날까지 삶의 끈을 잡아주고 천사 같은 의술을 베풀라는 뜻이 아닐까. 출생에서 죽음까지 의사와 환자의 사이는 불가분의 관계이다. 의사의 갑질은 환자를 더욱 아프게 하고 환자의 과잉 반응은 의사를 힘들게 한다. 의사와 환자 사이, 서로가 존경받고 위안을 받는 좋은 관계였으면 좋겠다. 억하심정을 지혜롭게 다스리지 못한 바보가 황혼 길을 헤매 돌고 있구나.

보타니아를 돌아 사량도까지

 오십 년이 훌쩍 지나버린 학창 시절, 군 작업복을 까맣게 물들여서 교복 삼아 걸쳐 입고 25원짜리 전차를 타고 희멀건 깍두기 안주에 텁텁한 막걸리로 육법을 읊조리던 법우法友들의 모임이 하나 있다. 만성晩成회. 애당초의 꿈은 사라졌지만 차근히 무언가를 이루어 성공한 삶을 구현하자는 의미를 담았다.
 어느 여름날, 정기모임에서 한 친구가 거제도 여행을 제안하였다. 후덥지근한 날씨 탓이었을까, 모두가 찬성이다. 마침 거제도 대명리조트 회원권을 가지고 있는 친구가 있어 이박삼일 여행을 가기로 했다. 이미 세상을 떠난 친구도 여럿 있지만 살아서 함께 한다는 벅찬 가슴으로 8명이

승용차 두 대로 거제도 여행길에 올랐다. 여행을 많이 해 본 사람이 아니면 안 된다는 친구들의 우격다짐에 어쩔 수 없이 총책을 맡는다.

우선 유람선을 타고 해금강과 외도를 유람하기로 했다. 승선 요금이 일 인당 삼만 원이었다. 밑져봐야 본전이라는 심정으로 매표소 직원에게 읍소를 한다. "이보시오. 은퇴한 사람들인데 여비가 빠듯하오. 요금 좀 깎아 주면 안 되겠소?"라고. 연식이 오래된 일행들을 살펴보고는 연민의 정이었을까, 각각 5천원을 할인해 주겠다고 한다. 이 광경을 지켜보던 친구들이 "유람선 배 삯을 깎는 놈 처음 본다."라고 하며 평생토록 총책 하라고 악담을 해댄다. 웃어넘길 수밖에…….

다음날 아침에 매표하기로 하고 우리 일행은 별빛 쏟아지는 바닷가에서 우정의 잔을 부딪치며 추억 속으로 빠져든다. H여대생과 미팅할 때 누구의 파트너가 제일 예뻤고 누구는 어디가 아파 운명을 달리했고 누구 아들은 신인영화감독상 후보에 올랐다는 얘기들을 나누며 거제의 밤을 지새웠다.

늦은 아침을 먹고 지세포 유람선 매표소로 갔다. 요금을 할인해 주기로 했던 그 직원이 창구에 앉아있다. 우리 두 사람은 서로 눈을 마주치며 웃는다. 정겨움이 느껴져 기분이 상큼하다. 승선 티켓을 보니 "청소년"이라고 적혀 있었다. 오천 원을 할인 받은 대신 칠십 노인이 청소년으로 둔갑한 사건이다. 조그마한 배려이지만 경노敬老로 대접받는 것 같아 상쾌한 마음으로 유람선에 오른다.

한려해상국립공원 거제도 해금강, 천태만상의 만물상이 금강산 해금강을 방불케 한다고 하여 거제해금강이라고 부른다. 사자바위 미륵바위 금관바위 촛대바위를 비롯한 기암괴석들의 절경에 넋이 나간 사람처럼 멍청하게 웃는다. 갈매기 떼와 눈인사도 주고받으며 해금강의 그로테스크한 풍광을 만끽하고 외도 보타니아를 향해 달린다. 외도는 어느 한 개인의 열정으로 만들어진 정원이지만 꽃과 나무, 숲에서 바라보는 하늘과 바다의 조화가 그렇게 신비로울 수가 없다. 그러나 숨이 차서, 다리가 당겨서 함께 오르지 못한 친구들이 있어서 마음이 편치 않았다.

건강을 잃으면 전부를 잃게 된다는 말을 마음속 깊이 새기며 수국이 만발한 지심도는 포기하고 사량도로 바로 가기로 한다. 통영 가우치 선착장으로 바삐 핸들을 돌렸다. 승선 시간이 촉박하여 요금을 깎을 엄두도 못 냈는데 짓궂은 친구들은 왜 여기서는 배삯을 안 깎느냐고 놀려댄다. 오십년지기의 허물없는 농에 한바탕 웃고 간다.

사량도에 도착하자마자 먼저 숙소를 찾았다. 취사도 하지 않고 잠만 자고 가는 여행길엔 펜션보다는 향수가 묻어나는 민박이 좋다. 식당 민박집을 찾는다. 이왕 사 먹는 밥, 식사하는 조건을 걸면 방값을 대폭 줄일 수가 있기 때문이다. 사량도 다리가 보이는 해변가 민박식당 2층에 짐을 풀었다. 파도 소리가 가깝게 들리고 바닷바람이 상큼하여 낭만적이었다.

 잠깐 동안의 휴식을 취한 후에 사량도의 자존심이라는 옥녀봉을 점령하였다. 해 질 녘 석양에 비추이는 옥녀봉과 가마봉의 능선이 구름 속으로 숨바꼭질을 한다. 황홀감에 가슴이 벅차오른다. 옥녀봉 오르는 길이 가파르고 아슬아슬하여 힘들었지만 정상에 올라 땀방울에 젖는 희열은 그 무엇으로 감탄하랴. 힘에 부대껴 함께 오르지 못한 친구들의 얼굴이 아롱거려 황홀한 절경에 오래 머물 수가 없었다. 지척에 있는 출렁다리를 가지 못하고 발길을 돌려야 했던 마음이 못내 아쉬웠다. 해는 서산으로 기울고 옥녀봉 비탈길을 조심조심 내려와 해안선을 따라 사량도 일주 코스를 돌았다. 저 멀리에 옥녀봉 가마봉의 출렁다리가 하늘에 떠있다. 저 다리를 건너면 요단강으로 가는 걸까, 덧없이 살아온 인생길이 바람결에 출렁인다.

노을이 아름다운 해변, 민박집 야외벤치에 앉아 하루의 일정을 마무리한다. 매운탕을 끓이시는 민박집 할머니가 어디서 본 얼굴이다. "할머니, TV에 나오셨죠?" "예, 어떻게 알았어요?" 팔순을 바라보는 나이에 한글을 깨우치고 중학교를 졸업했다고 하여 방송에 나오셨다고 한다. 그림 솜씨도 출중하여 상도 많이 타셨다며 환하게 웃는다. 텔레비전에 나올 만한 가치 있는 삶에 경의를 표하고 기념사진도 찍었다. 파도 소리, 바람 소리 싱그러운 해변에서 보글보글 할미표 매운탕에 소주 한잔의 낭만은 두고두고 잊지 못할 추억으로 남게 되리라. 할머니의 당찬 인생을 한때의 포근했던 인연으로 가슴에 새긴다.

다음날 아침, 통영 케이블카를 타기 위해 일찍 길을 나선다. 케이블카에서 바라본 남도의 절경은 마치 잘 그려진 한 폭의 동양화다. 화가가 되지 못한 것이 못내 아쉬웠다. 눈으로 채색하고 마음으로 감탄할 수밖에…….

통영의 명품 꿀 빵을 한 박스씩 손에 들고 이박 삼 일간의 거제도 여행을 마무리했다. 오랜만에 친구들과 함께한 남도 여행, 고비마다 세월의 아픔이 있었지만 의미 있고 즐거운 시간이었다. 걸을 수 있고 오를 수 있고 볼 수 있을 때 여행길 많이 다녀야겠다는 각오를 다시금 가슴에 새긴다.

우리 내일 봐요

　오늘의 바로 다음날이 내일이다. 오늘이 가면 내일, 내일이 흐르고 흘러 세월이 된다. 그것은 태양계를 돌고 있는 8개의 행성 중에 하나인 지구의 공전과 자전으로 이루어지는 우주의 법칙이다. 천지개벽이 되지 않는 한 영원불변의 원칙이다. 내일은 영겁으로 가는 징검다리, 우주의 시작점부터 하루하루가 다리를 놓아 내일로 가고 억겁으로 흐른다.
　선각자들은 어제와 오늘 내일을 과거와 현재 미래로 구분하여 말하기도 한다. 과거는 가장 뛰어난 예언자이며 현재는 과거의 필연적인 산물이며 미래는 오늘의 다른 이름이라고 말한다. 지당한 선언이다. 살아온 길 뒤돌아보면 과거는 오늘의 거울이며 오늘은 어제의 실천이며 미래는 오늘의 과실이라고 말하고 싶다. 올바른 과거는 반듯한 오늘을 기약할 수 있을 것이며 반듯한 오늘은 희망찬 내일을 맞이할 수가 있을 것이다. 인과응보나 종과득과란 사자성어를 빌리지 않더라도 쉽게 범접할 수 있는 경험철학이다.

오늘보다 내일이 매력적인 것은 희망을 넘볼 수 있기 때문이다. 신이 인간에게 준 가장 큰 축복은 내일을 베일로 가려 놓은 것이라고 하지 않았던가. 과거는 악마 같을지라도 내일은 신이 내린다고 했다. 때문에 힘들었던 과거에 집착하지 말고 오늘의 삶에 최선을 다한 후에 신의 올바른 내일을 기다릴 수밖에. 그것이 우리가 살아가는 동력이고 힘든 오늘을 견뎌낼 수 있는 동기부여이기도 하다. 희망봉이 없었다면 인도로 가는 항해가 얼마나 힘들었을까.

우리의 삶은 오늘의 연속이다. 팔십 고개를 넘으려면 대략 삼만 번의 오늘을 살아야 한다. 시간은 항상 내 편일 수는 없다. 내 편이 될 수 있게 하는 것은 나 스스로의 책임이다. 인생이 허무하다고 생각하는 사람은 하루하루를 덧없이 살고 있기 때문이다. 열정을 다하여 지성껏 살면 추락한 인생도 비상의 날개를 달수가 있다. 하루살이가 내일을 모르듯, 오늘 하루만 살고 말 것처럼 흥청망청 날개 짓을 하는 젊은 사람들을 보면 안타깝기 그지없다. 그들은 우리의 미래이고 내일의 국운이 달려있는 기초세력이기 때문이다.

기실 내가 살아온 세상보다 앞으로 살아가야 할 젊은 세대들의 내일이 염려스럽다. 경제성장의 속도가 정체기에 접어든 오늘의 현상이 더욱 마음을 조이게 한다. 성장의 지표가 낮을수록 삶의 경쟁은 더욱더 치열해진다. 취업난에 허덕이는 젊은이를 볼 때마다 가슴이 답답해진다. 첨단산업이 발달할수록 노동의 가치는 추락하고 노동수요는 극감한다. 돌이켜보면 경제개발도상국으로서 고도 성장기를 살아온 그날들이 지상낙원이었다는 생각은 나만의 생각일까. 어느 유명 여류작가님의 말씀이 떠오른다. "다시는 젊음으로 돌아가고 싶지 않다."고. 나 또한 그러하리라. 어느 누가 날더러 청춘을 돌려줄 테니 다시 돌아가라 하면 그렇게는 못하겠노라 도망치리라. 치열한 경쟁 속에서 살아남기가 예삿일이냐.

젊은이들에게 내일의 꿈을 펼칠 수 있는 삶의 터전과 일터가 필요하다. 그들은 우리의 미래이고 그들의 어깨 위에 나라의 장래가 달려있기 때문이다. 그들의 밝은 미래를 위한 초석을 깔아주는 것은 위정자들의 몫이 아닐까. 경제대국 10위안에 든다는 것에 크낙한 자부심을 느끼지만 혹여 국가관리가 잘못되어 추락 할까봐 조바심을 느낄 때가 있다. 미래세대를 위한 기성세대의 푸념이겠지만 청년실업이 증가하고 있는 현실의 안타까움이기도 하다.

내일봐요. 일상에서 자주 등장하는 인사말이다. 연인들 간의 '내일봐요'는 사랑의 파이를 키우기 위한 약속의 언어이겠지만 긴긴 세월을 살아온 사람에게는 오늘 하루도 무사히 넘겼다는 안도의 숨결이다. 내일 다시 볼 수 있다는 것은 서로에게 건강이 살아 있고 사랑이 남아 있기에 가능한 일이다. 토라진 가슴에 내일의 만남이 있을 수 없고 육신이 불편한 사람이 내일의 만남을 기약하기에는 힘이 부친다.

언제부터인가 '밤새 안녕'이란 말이 실감나는 하루하루가 그렇게 소중할 수가 없다. 나에게 내일이 있다는 것은 삶의 맥박이 아직도 뛰고 있다는 증거이고 그것은 신이 내린 축복이다. 지구가 멸망해도 내일의 태양은 뜬다고 한다. 그러기에 오늘의 삶이 힘들어도 내일의 태양을 바라보며 새로운 꿈을 꿀 수가 있다. 어제를 아쉬워하고 내일을 염려하기보다 오늘의 삶에 충실하고 최선을 다하여 보다 나은 내일을 기약하는 것이다. 그것이 바로 우리가 추구하는 오늘살이가 아닐까.

　내일 봐요. 세월의 톱니바퀴가 한 바퀴 돌아간다. 끊임없는 윤회 속에 쉼 없는 오늘이 디딤돌이 되어 내일로 가고 영겁으로 흐른다. 내일이 없는 오늘은 종말이다. 찬바람이 쌩쌩 불어오는 겨울날에 다정했던 친구를 아주 먼 곳으로 떠나보냈다. 다시는 볼 수 없는 이별에 가슴이 시리다.

　우리 내일 봐요. 건강한 모습으로.

⟨작품해설⟩

곽상우 삶의 심상

: 뿌리와 날개로 엮은 서사

박양근(문학평론가)

　수필은 인생의 스토리텔링이다. 비평 개념을 가져와 인식과 성찰과 사유의 담론이 수필이라 할지라도 경험을 언어로 표현한다는 정의는 부정하지 못한다. 얼마나 많이 경험하였는가라는 농도와 어떻게 살아냈는가라는 순도가 수필의 질적 수준을 정한다. 수필을 중년의 문학이라는 이유도 작가의 연륜과 안목에 좌우된다는 의미다. 물론 그때의 경험은 사회적 신분이나 물질적 풍요보다는 존재적 위상을 말한다. 인간의 삶과 자아성찰의 수용력이 그만큼 중요하다.

　자성의 문학으로서 수필은 시와 철학 사이에 놓여진다. 시적인 감수성을 능가하여 철학에 가까운 산문성을 요청하므로 가슴에서 우러난 언어로 진솔한 삶의 서사를 짜야 한다. 인간의 삶을 이루는 두 축은 태생적인 뿌리와 스스로 단 날개다. 뿌리는 인간됨을, 날개는 작가됨을 상징하듯 두 심성은 존재자로 살아가는 데 필수적인 에너지다. 이것이 수필 정신을 구현하는 바, 수필작품의 혼이 문장이 아니라 내용에 담겨진다는 내용에 일치한다.

  곽상우 작가의 삶은 생의 고비마다 수필 감을 잉태한다고 할 만큼 어둠과 빛이 교차한다. 강인한 의지와 다정다감한 가족애로 남다른 연륜을 적립하는 생활철학을 지켜왔다. 소작농 아버지의 7남매 막내로 태어나 무역회사를 일구고 수필가로의 입지를 다진 것은 무에서 유를 창조한 것과 마찬가지다. 그는 젊어서는 고시 꿈의 청년으로, 중년에는 사업가로, 만년에는 공부하는 작가와 자상한 남편으로서 신 청춘을 가꾸어간다. 그렇게 살아온 과정을 기록하여 ≪그것이 인생인 것을≫을 상재하였다. 〈작가의 말〉에서 "살아온 팔십 년 세월의 강을 유영하며 황혼의 삶을 올곧게 조명하려고 성심을 쏟았다."고 함으로써 삶의 근간을 인문학적으로 조명한 자전록을 완성하였다.

1. 뿌리와 날개에 대한 성찰

  사람은 환경과 교감하는 유기적 존재다. 환경의 지배를

받기도 하지만 그것에서 벗어나려는 노력도 마다하지 않는다. 시간적 공간적 위치 외에 가정과 사회의 문화적 조건도 환경의 일부다. 성장과 성격을 이루어가는 동안 그것이 어떤 것인지 이해하기 힘들다. 후일 성장하여 지난 시절을 되돌아보면 그것이 거부할 수 없는 뿌리였음을 깨닫는다. 태어난 가정, 만났던 여러 사람들, 발길을 옮긴 수많은 장소와 갖가지 사건들이 인생이라는 나무의 한 가닥 뿌리임을 수긍한다.

동시에 사람의 삶은 늘 미래를 추구한다. 과거가 힘든 삶의 일부였지만 자신이 살아야 할 이유가 미래에 있음을 인정한다. 내일이면 달라지고 더 나은 환경을 가지게 될 것이라는 믿음이 존재하는 자로 변화시킨다. 그 윤활유가 꿈이든 희망이든 현실을 미래로 바꾸는 날개라고 할 수 있다.

인생이 무엇인가를 깨치는 시점은 늘 미래의 어느 때다. 적어도 인생이 무르익고 갖가지 인연이 석양빛으로 잠기는 고희쯤이다. 그 시점에 다다르면 자신을 살게 한 것이 집안이라는 '뿌리'와 희망이라는 '날개'임을 깨닫고 "그것이 인생인 것을"이라는 인식에 다다른다. 그것이 그리움이라는 이미지로 환원된다.

> 이제는 뒤돌아 갈 수 없는 순간순간들이 모두가 그리움이다. 추억은 세월 가도 늙지 않는 불사조, 언제 어디서나 그 모습으로 다가온다. 못다 한 사랑도, 멀어져 간 친구도 이제와 생각해 보면 모두가 내 탓이다. 조금만 참았더라면, 한 발짝 물러섰더라면, 감정을 억누르고 이성적으로 대했더라면 너와 내가, 우리가 보다 좋은 인연으로 남아 멋진 추억을 만들어갈 수가 있었을 텐데, 만시지탄이다.
> － 〈그것이 인생인 것을〉에서

인생을 그리움, 추억, 인연 등으로 이루어진 총론에 이어 구체적인 사례로 각론을 설정하는 화법이 설정된다. 연륜이 무르익은 작가답게, 지나온 삶을 회상하는 인격자답게, 독백과 자연물을 빌려와 "인생이 그것이었다."는 답을 찾는다.

황혼에 다다른 사람에게 살아갈 나머지 시간이 짧다. 그러나 당당한 노경에 이른 사람이라면 미래의 꿈과 지난 삶을 균형 있게 성찰할 수 있다. 〈황혼의 독백〉을 말하는 작가도 "자신은 70대 신 중년"으로서 지난 추억과 후일의 다짐 사이에 있다고 말한다. 지금까지 함께한 모두가 자신의 뿌리이며, 팔순 나이에도 날개처럼 맥박이 뛰고 있는 "무탈한 자신"을 대견하게 여긴다. 그의 시선은 등 뒤가 아니라 앞을 향하고 있으며 어울림과 조화로움으로 인생을 즐기고 살가운 인연의 고리를 이어가려 한다. 매력적인 삶을 실천하는 그는 누구보다 "신 중년"이다. 그런 점에서 〈황혼의 독백〉은 넓은 마음으로 인생을 통찰하고 무게감을 주는 필력으로 이루어진 생의 선언이다. "힘내요 우리, 아자 아자!"라는 리드미컬한 어조야말로 나이라는 고개를 훌쩍 넘는 활력과 긍정을 담은 표어다.

그는 자연의 섭리로 자라는 채소밭을 돌아본다. 어느 날 농작물이 잡초에 점령당한 것을 발견하고 〈잡초의 반란〉에서 그들 관계를 새롭게 해석한다. 채소와 잡초는 밭에서 함께 자라나지만 사람들은 잡초를 유해한 방해꾼으로 간주한다. 동물이건 사람이든 정성을 기울인 만큼 거둔다는 사실 앞에서 인간 잡초를 퇴치해야하지만 그들도 창조주의 부산물이므로 공존해야 한다는 점을 받아들인다. "함지박 같은 웃음꽃이 만발하는 세상"에서 "티끌만한 오류도 남기지 않는 여생"을 바라는 그에게는 물질적 부귀영화가 잡초이며 잡념일지 모른다. 자연의 섭리에서 생명의 공존 이치를 찾아내는 그의 신 중년은 시련을 이겨내면서 얻은 긍정적인 인생론에 속한다.

노령을 나타내는 일상 소지품이 많다. 돋보기안경, 두툼

한 외투 외에도 보편화된 소지품이 지팡이다. 〈지팡이 인생〉은 어둔하고 노쇠한 걸음과 정신적 지혜라는 양면적 상징을 가진다. 그래서 마을 촌로와 종교 지도자는 자비와 지혜를 뜻하는 지팡이를 들고 다니는 특권을 누렸다 한다. 우연한 기회에 친구가 가지고 있던 지팡이에 관심이 갔던 그는 숲속을 샅샅이 뒤져 잘생긴 덩굴나무로 "세상에 하나뿐인 지팡이 작품"을 만든다. 섬세한 조각과 문양을 새겨 동료에게 건강을 선사하는 보람을 얻는다. 지팡이는 작가의 감성과 배려심으로 새긴 작품이라는 점에서 〈지팡이 인생〉은 건강한 생명의 날개에 뿌리내린 작품이라 할 만하다.

〈칼새의 날개〉는 그 감동적인 일화를 소개한다. 곽상우는 해병대 출신답게 여전히 건강하고 기백이 넘쳐 대인관계에서도 유머와 낙천주의가 넘친다. 동료에 대한 존경과 연민도 넉넉하다. 칠순을 앞두고 평생 몸 바쳐 온 무역업을 정리한 후 수필가로 등단하여 문학 아카데미에서 수학한다. 그곳에서 교우하는 여성 작가에게 꽃 지팡이를 선물하여 '날개'를 달아 준다. 그 과정을 따뜻하게 그려낸 〈칼새의 날개〉는 지팡이 선물에 답한 〈꽃 지팡이〉가 보여 주듯 노 문인들의 아름다운 우애를 전해준다.

꽃 지팡이를 사랑하는 마음이 그녀의 수필 "꽃 지팡이" 속에 고스란히 담겨있어 함께 수학하는 문도들의 힘찬 박수를 받았다. 존경과 사랑을 담아 드린 지팡이가 그녀에게는 셋째 발이 되고 칼새의 날개가 되어 행복한 여생을 누리시면 더없이 좋겠다는 생각을 지울 수가 없었다.
- 〈칼새의 날개〉에서

그들은 지팡이를 날개 삼아 날고 싶어 한다. 꽃지팡이는 의젓하게 걷도록 하고 세워두면 설치작품이 되어 품격 있는 문인의 우정을 나타낸다. 성숙한 인생이란 새로운 삶을 위해 날개를 펼치는 인생을 공유하는 방법이다.

뿌리와 잎이 최선을 다할 때 꽃이 핀다. 인생을 멋있게 살려면 일체유심조의 믿음을 갖고 일희일비하지 않는 담담한 감정을 가져야 한다. 〈꽃은 피고 지고〉는 매년 새롭게 피는 꽃처럼 우리의 인생도 "윤회의 언덕길을 넘나드는 기나긴 여행"이라는 주제를 제시한다. 떨어지는 잎새에도 슬픔이 아니라 가슴이 설렌다는 낙관론 또한 "그것이 인생이다"는 점을 거듭 강조한다.

〈작품해설〉

2. 부성의 뿌리와 모성의 날개

곽상우가 살아온 인생을 이해하려면 세 근원을 알아야 한다. 그것은 출생 집안의 상황, 문학에 대한 열정, 그리고 평생 고락을 함께하고 있는 아내다. 이것은 그의 진면목은 물론 가정적 사회적 인간적 성취와 직결된다. 그의 여유로운 인품으로 판단하면 살만한 집안에서 태어났다고 짐작하기 쉽지만 소작농 아버지의 칠남매 중 막내로 태어났다. 아버지처럼 세 누나는 일자무식이었고 3형제들도 가정형편 상 자원입대를 해야 했고, 야학으로 간신히 사각모를 쓸 수가 있었다. '괜찮게 산다'는 집이 드문 시대였을지라도 부실한 출생 뿌리는 어쩔 수 없었다. 그 실상이 〈칠남매〉에 사실적으로 펼쳐져 있다.

곽상우가 투지와 집념을 갖고 세월의 길을 달려오고 입지전적 성공을 거둔 비법이 무엇인지 궁금하다. 가족사가 보여 주듯 부모형제자매들이 모두 세상을 떠나 지금은 유일한 집안 어른으로 남은 파란의 시절 동안 얼마나 무릎을 꿇었다가 다시 일어나기를 반복했을까. 주변 지인들이 이구동성으로 인정하듯이 긍정적이고 자애로운 인성 덕분일까. 그렇다면 그것은 어찌 생성되었을까. 이런 서사를 지닌 주인공의 인생은 독자를 울컥하기에 충분하다.

　막내아들의 시선으로 소개되는 아버지의 특징은 '근면 성실한 구두쇠'다. 〈아버지는 구두쇠였다〉에 등장하는 아버지는 10명 가까운 식솔을 거느린 가장이다. 밭떼기 하나 없는 소작, 골목길 담배꽁초를 줍고 술값을 아끼려 소주잔에 맹물을 타서 마시는 근검, 동네잔치가 있는 날이면 주책일 정도로 먹고 마시는 행실, 그런 외모보다 더 주요한 것은 동네 아이들이 모두 따랐고 누구도 다를 수 없는 근면 성실이다. 그것이 막내아들을 키운 역지사지의 뿌리다. 게다가 농부답게 논두렁에서 물꼬를 살피다가 66년 인생을 마감한 운명은 격한 기억을 남긴다. 엄연한 사실은 아버지는 평생 농부였고 "선한 마음으로 소리 없이 살다 갔다."는 점이다. 반면에 어머니 성몽주成夢周 여사는 포은선생 같은 삶을 살다 가셨다고 회상한다. 늦둥이 막내에게 동네 동냥젖을 얻어 먹여 '동네아이'라는 별명을 준 터에 17살에 그녀는 운명을 달리 했다. 17년뿐인 모정에도 불구하고 어머니는 그의 인생에 가장 큰 영향을 미쳤다. 작가에게 어머니는 아버지가 지니지 못한 탄탄한 반석으로서 그녀에 대한 존경은 "세월"이라는 벽을 넘어서는 초시간성을 갖춘다.

맹모삼천을 떠올려주는 어머니가 막내아들을 부르는 말은 "우리 막내 왔나"와 "우리 막내 가나"이다. '우리 막내'라는 호칭은 아들이 아무리 나이가 많고 장골이어도 항상 손이 아픈 '막내'라는 점을 강조한다. 늦게 태어난 막내는 사랑을 받을 기회가 적고, 생전에 다른 형제와 달리 장가를 가지 못했다. 모든 게 안쓰럽다, 자신이 떠난 후 장가들면 두루마기 해 입으라며 남겨준 '광목 한 필' 위에 떨어지는 눈물은 '고아 같은 서러움'을 고스란히 드러내면서 잘 살라는 뜨거운 채찍질이 된다.

〈모정의 세월〉에 묘사되는 어머니는 모든 면에서 인생 스승과 같다. '산골 동네여성으로서 보기 드물게 한글을 깨우쳤고 집안의 대소사를 슬기롭게 다스렸고 무엇보다 배움의 중요성을 알고 계셨다.' 그녀의 '배움과 슬기로움'은 학문과 인격의 자질로써 작가의 생애 전반에 걸쳐 비약을 위한 소중한 날개가 된다. 자식의 장래와 집안 명운이 흔히 부덕婦德에 좌우된다고 하듯이 실의에 빠진 막내아들에게 배움의 길을 열어주어 사회인과 수필가로서 도약하게 하였다. 곽상우는 그 후 '비 내리는 고모령'으로 어머니의 은혜와 석별의 정을 달래게 된다.

곽상우의 문학적 뿌리는 어디에 있을까. 그는 일흔여섯

나이에 늦깎이 수필가로 등단하면서 설움과 번뇌가 언어의 집을 갖게 되었다. 그의 혈연 뿌리가 아버지라면 문학적 모태는 어머니라고 말하듯이 은퇴 이후 인문학을 접하면서 '한 번도 가지 못한 새로운 길'로서 문학을 만난다. 그동안 잠복되어 있던 문학 소양이 수필로 출현하여 '가장 좋은 친구'가 되었다. 산골초등학교 때 쓴 동시가 학교 대표작으로 뽑히고 법조인의 꿈을 접고 들어간 중견기업에서 문서 작성력을 인정받았을 때도 긴가민가하였던 문장력의 DNA가 어머니였음을 비로소 발견한다.

> 문학의 잠재성은 어디에서 왔을까. 어머니의 고매한 자양분이 내게로 와 칠십육 년 동안 잠들어 있다 이제야 깨어났을까, 아니면 벌써 깨어 있었으나 거들떠보지를 않아 가슴속에 숨어있었을까. 아버지는 농사일만 아는 일자무식이었지만 어머니는 산골동네에서는 보기 드물게 한글을 깨치셨다. 고서古書를 많이 읽고 그 속에 담겨진 구수한 이야기를 잘하여 많은 사람들이 어머니 곁으로 모여 들었다. 가을밤이면 문풍지 객창소리와 귀뚜라미 소리 벗삼아 나긋한 음성으로 책을 읽으시는 어머니의 모습이 지금도 눈에 선하다.
>
> — 〈뿌리를 찾아서〉에서

'귀뚜라미 소리 벗 삼아 나긋한 음성으로 책을 읽으시는 어머니'는 작가의 문학적 심상이다. 그것은 후반기 삶을 충일하게 하고 평생에 걸친 삶의 문제를 찾도록 해 주는 등대 역할을 한다. 저녁에 원고를 쓰고 아침에 교정하며 하루 대부분을 보내면서 성이 차지 않을 만큼 문학에 매혹됨으로써 어린 감성을 되살리고 인간사를 성찰한다. 그게 얼마나 보람 있는가를 매일 터득한다.

〈넌 정말 좋은 친구야〉는 후반기 삶의 반려자로서 수필을 칭송하는 글이다. '백년지기라도 된 듯 죽는 날까지 함께 하고' 싶고 둘도 없는 지원군인 아내가 신 청춘의 기세를 북돋워준다. 그런 수필과 반려를 만났으니 '이제는 미련 없이 떠날 수도 있겠구나'라고 서슴없이 말한다.

식물의 뿌리는 줄기와 열매를 키우는 숨은 날개와 같다. 사람에게도 뿌리는 존재를 인식하게 하고 비상의 날개가 돋도록 해준다. 근검 검소한 아버지와 현명한 어머니라는 인생의 뿌리와 날개를 지닌 곽상우는 수필가로서 노객老客의 여생을 '아름답게' 보내게 되었다.

3. 아내를 위한 망부송

　부부는 서로에게 평생의 반려자다. 남자에게 부모가 첫 번째 의지처라면 아내는 후반기 인생의 동행자다. 그런 아내와 오랫동안 일생을 함께한 후, 바치는 남편의 최고의 찬사는 무엇일까. ≪그것이 인생인 것을≫에 실린 수필을 주제별로 분류하면 아내에 대한 작품이 가장 많다. 맞선부터 오십여 년의 결혼생활과 최근의 아내 병환에 이르기까지의 사연을 펼치면 그에게 아내는 어떤 존재인지가 명료해진다.
　동행이라는 긴 여정은 '길들여진 영혼'이라는 한마디로 요약된다. 초기 결혼시절의 가난, 1남 2녀의 자녀 출산, 일가친척에 대한 배려 등 '할멈 잔소리'라는 별명을 듣더라도 성심을 다했던 아내의 삶을 회상하면 자신은 아내에 의해 '길들여진 영혼'이라고 주저 없이 말한다. '부부애의 진정한 시너지는 존경과 배려'라고 말한다. 그들의 결혼 이야기는 취직 2개월밖에 안 되었던 가을날, 우물가에 무화과가 자라는 어느 집에서 시작한다. 반백 년이 지난 지금도 그날의 정황을 모두 기억한다는 사실은 첫 만남을 평생의 행운으로 여긴다는 뜻이다.
　〈마산댁〉은 첫눈에 반해버린 정씨 가문의 아가씨를 만

나는 장면으로 시작한다. 마당 한가운데 있는 우물가의 무화나무, 미소를 머금고 다소곳하게 한복을 차려입은 처녀, "삶의 최고의 가치가 머라예?"라는 당찬 질문, 시외버스터미널에서 핸드백을 맡겼을 때 손끝에 닿은 감정의 소용돌이, 단칸 시집살이 방에 공부용 책상을 덜컥 들여놓은 보필, 조실부모하고 무일푼인 남자를 생의 반려로 선택한 안목 등은 서정미 넘치는 묘사를 이룬다. 평생 잊지 못할 만큼 조력을 해준 아내를 작가는 이렇게 평한다.

> 남편의 입신양명을 위한 그녀의 노력은 과히 헌신적이다. 가난뱅이였지만 한 곳을 바라보며 그렇게 저렇게 열심히 살아왔다. 질곡의 순간마다 그녀는 몽매한 나를 바른길로 인도해 주었고 든든한 버팀목이 되어 주었다. 고마워요, 마산댁.
>
> - 〈마산댁〉에서

아내는 부모로부터 얻지 못한 평온과 행복을 선사한다. 처음에는 남편의 헛기침 한 번에 꼬리를 내리던 아내가 지금은 상황이 역전되어 아내가 씩씩대면 그가 꼬리를 내린다. 그 인생 역전은 겸연쩍은 것이 아니라 아내를 위하는 대접 방식이다. '눈보라가 몰아쳐도 꺼지지 않는 영원한 나의 동반자'라는 찬사도, 〈천하의 몹쓸 사람〉에서 아내의 세배를 받고 싶다는 장난도 그만의 사랑방식이다. "설날에는 맞절세배라도 꼭 한 번 받고 싶다"는 간절한 소망에는 아내의 건강에 대한 염려가 깔려 있다. 해학과 연민으로 짜인 황혼 인생과 아내의 몹쓸 병이 '세배'라는 언어에 실려 애절한 부부애가 더욱 투명해졌다.

평생 함께할 아내가 병이 들었다. 여러 번의 수술을 거쳤지만 완쾌하기 힘들다. 유방암과 낙상과 복막염 수술이 끝없이 이어져도 소녀 같은 미소를 머금고 남편에게 만일의 경우에 대비하여 부엌일을 가르쳐준다. 가정주부에게 무슨 일이 생기면 집안 가사가 휘청거리고 남편의 아무것도 모르는 어린아이가 된다. 말년 인생이 아내에게 달려있음을 깨닫는 그는 간절하게 담당의사에게 손편지를 쓴다.

〈손편지〉는 12시간에 걸친 수술을 집도하는 의사에게 보낸 감동의 편지로서 남편으로서의 심정이 고스란히 전해진다. 의사가 아니지만 무슨 수를 쓰던 아내를 살려내야 한다. 왜냐하면 '가난을 극복하려고 떨어진 속옷을 마다하지 않았으며 국수와 수제비로 셋방살이를 면하도록 해 준 아내다. 평생 정직과 배려와 절제와 아낌으로 살아온 사람이다. 무엇보다 못난 남편을 언제나 존중하였던 반려다.'

이런 내용은 아내가 삶의 뿌리이면서 생의 날개라는 진실을 깨친 자에게만 나올 수 있다. 이 편지를 읽은 의사도 환자를 살려야겠다고 수차례 다짐했을 것이다.

지성이면 감천으로 유방암 완치판정을 받고 복막 수술한 지도 3년 차가 되어간다. 이제 그들에게는 하루하루가 덤이다. '나는 바람이고 당신은 구름이 되어 여생을 살아가리라' 생각하며 아내가 좋아하는 여행을 다니면서 '살아 숨 쉬는 오늘이 꿈만 같다.'라고 여긴다. 그의 아내 사랑은 헌신적이고 극진할 수밖에 없다. 17살에 어머니를 떠나보내고 6형제 모두 세상을 떠난 그에게 1남 2녀 자식을 낳아준 아내가 없었다면 뿌리 없는 부평초가 아니면, 날개가 부러져 추락하는 새가 되지 않았을까.

생로병사는 불가피한 노정이다, 누구도 그 일방통로에서 벗어나지 못한다. 떨칠 수 없는 아내의 병환에 부딪친 작가는 작금의 심정을 '가슴에 회오리바람이 닥쳐 생사의 선을 넘나드는 고통'으로 표현한다. 현실적으로 어찌할 수 없는 자신이 아내에게 너무나 미안하다. 그런 형편을 대변하는 작품이 〈전업주부〉다. 그가 가사를 담당하는 주부로 바뀌었다. 장바구니를 끌고 동네 재래시장에 가야 하고 식탁도 차려야 한다. 역지사지가 주부의 고충과 가사노동을 이해하는 기회가 되지만 식탁일이 싫지만은 않다. 식탁에 함께 앉아 밥을 먹고 "맛있겠네." 하면서 음식 그릇을 비우는 아내를 보는 것만으로 행복하기 때문이다.

부부의 행복은 무엇보다 함께 밥을 먹고 함께 자는 것에 있다. 수십 년간 별 탈 없이 이어져 오던 행복이 위기를 맞이하고 닥쳐올 후일에 대비하여 생활의 날개를 달아 주려는 아내의 마음을 지켜보면 몽매한 자신을 일편단심으로 지켜준 그녀에게 보답할 길이 없다. 어쩌면 자신의 병이 남편에게 절절한 아픔이 되어 언어로 표현되도록 하여 수필 작가라는 날개를 남편에게 달아 주려는 속마음이 깔려 있다고 해석할 수 있다. 그 심경이 결정화된 작품이 〈망·부·송 넋이 되어〉다.

> 시공이 멈추는 그날에 내가 그녀를 위해 할 수 있는 일은 무엇일까. "날 걱정 말고 편안히 잘 가시게" 그 말 한마디 눈물로 적셔주면 그녀의 영혼이 훨훨 날아 하늘 높이 승천할까. 당신과 함께한 오십 년 세월, 길목마다 사무치는 그리움이 너무 많아 그렇게 쉽게 보낼 수는 없을 것 같다. 오륙도 바다가 내려다보이는 장자산 산마루에 님을 향한 망부송望婦松을 심으련다.
>
> - 〈망부송의 넋이 되어〉

〈작품해설〉

망부송望夫松은 일편단심의 상징이다. 그들은 아내가 좋아하는 청사포에 있는 망부송 앞에서 70을 넘겼으니 여한이 없다며 "조용히 눈을 감게 해 달라" 비손하는 아내를 지켜본다. 작가는 울다가 웃다가 숨이 차오르면 '영혼의 망부송望婦松'이 되어 "영원히 함께 하리라"고 다짐한다. 아내를 향한 그의 진심은 과장이 아니다. 주변 문인들은 아내를 위해 쓴 수필을 낭독할 때 울먹이는 그를 수차례 지켜보았다. 진정 금실 좋은 부부는 '죽어서도 혼으로 함께하는 사람'이 아닐까.

곽상우는 오늘도 '망부송 두 그루를 심는 심정'으로 아내를 위한 글을 쓴다. 가난한 월급쟁이를 남편으로 받아들였던 그것이 아내의 인생이듯, 병든 아내를 불멸의 이데아로 삼으려는 것도 그의 인생이다, 망부송 두 그루는 일생이라는 토양에 뿌리내린 부부애를 구현한다. 그때 비로소 '그것이 인생인 것을'의 의미가 완성된다.

덧붙여

수필 장르의 특징은 작가 자신의 인생에 대한 관조다. 나아가 자신의 삶을 바탕으로 인간의 일생과 존재성을 살핌으로써 수필의 진가인 진실성이라는 문학성을 높여나간다.

곽상우 수필가는 ≪그것이 인생인 것을≫에서 늦깎이 수필가임에도 불구하고 80년 동안 흐른 세월의 강에 띄워진 "삶의 조각들을 작은 목소리에 담아" 작가 의식을 발현하는 문학과 인생에 심혈을 기울였다. 남다른 곡절과 희비를 깊이 있는 명상으로 엮어 '80 나이에 나무를 심는 심정'으로 산수傘壽를 맞이하였다. 그의 인간담론은 어떻게 살고 행동하느냐를 알려 주는 인생의 신문고와 같다. 특히 등단의 씨앗 역할을 한 아내를 위한 사부思婦수필은 진실 그 자체의 필력으로 쓰여 수필 문학이 지닌 진정성을 경이롭게 구현한다.

곽상우 수필의 진가는 솔직담백한 문장과 가족에 대한 애정과 인간을 포용하는 휴머니즘이 상호 어울려 가슴으로 쓰고 읽는 산문을 완성하였다는 데 있다. 이리하여 〈그것이 인생인 것을〉은 작가의 고백론이면서 평전이라는 평가를 받게 되었다.

곽상우 수필집

그것이 사생인 것을

초판1쇄 발행 2024년 3월 20일

지은이 곽상우
펴낸이 이길안
펴낸곳 세종출판사

주소 부산광역시 중구 흑교로 71번길 12 (보수동2가)
전화 051-463-5898, 253-2213~5
팩스 051-248-4880
전자우편 sjpl5898@daum.net
출판등록 제02-01-96

ISBN 979-11-5979-668-5 03810

값 15,000원

이 책은 저작권법에 따라 보호받는 저작물이므로 무단전재와 무단복제를 금지하며,
이 책 내용의 전부 또는 일부 내용을 재사용하려면 사전에 저작권자와 세종출판사의
동의를 받아야 합니다.

* 잘못된 책은 교환해 드립니다.